伝え方

伝えたいことを、
伝えてはいけない。

編集家
松永光弘

CROSSMEDIA PUBLISHING

「伝え方」に正解はない。
でも、原則はある。

はじめに

文章を「伝わるもの」にする――。

それが出版やメディア活動における編集者の最大の役割のひとつです。

ぼくもまたそんな編集者のひとりとして、これまで20年あまりにわたって、たくさんの仕事にたずさわってきました。

ただ、ぼくの場合の事情が少しだけちがっているのは、その役を出版やメディアだけでなく、さまざまなジャンルでになっていること、そして、その対象が文章や言葉だけではないこと、ときには自分自身も「伝え手」になること、です。

書籍づくり以外にも、スタートアップ企業のビジョン策定やブランディングの支援、〝顧問編集者〟の先がけとしての企業の発信監修、地域プロジェクトの立ち上げやコンセプトづくり、教育事業のプロデュース、書籍や記事の執筆、講演やモデレーション……と、文章にかぎらず、さまざまな「伝える」に日々、「編集家」としてかかわっています。

でも、それらがすべてちがった「伝え方」をするものなのかというと、じつはそうでもありません。

場数を踏んで、いろんな経験をするなかでわかってきたのは、用いる場所やかたちが変わっても、「伝え方」の原則はほぼ変わらない、ということでした。

よくいわれるように、たしかに「伝え方」に正解はないかもしれません。

でも、原則はあるのです。

それはどんなものなのか。

ぼくの見立てはこうです。

いい〈メッセージ〉があるから、いい伝え方ができる。

文章にせよ、お話にせよ、映像にせよ、デザインにせよ、そして事業にせよ、「伝えるために表現されるもの」には、かならずもととなる「伝えるべき〈メッセージ〉」があります。そこに魅力があるからこそ、それを表現したものが魅力的になるのです。

なにかを伝えて、納得したり、共感したりしてもらいたいなら、なによりもまず〈メッセージ〉を納得したり、共感したりできるものにする必要がある。にもかかわらず、世の中で「伝え方」が問われるときには、ほとんどの場合、「伝えるために表現されたもの」だけに目が向けられます。「文章の書き方」や「話し方」の指南がまさにそうです。

もちろん、それで変わる部分もあるでしょう。

しかし、いくら書き方や話し方に工夫しようとも、そもそも〈メッセージ〉がつまらなければ、できることには限界があります。

「伝えたいこと」をなんとなく決めて、それを「うまく伝えよう」とするのではなく、まず、ちゃんと伝わる〈メッセージ〉を定める。

そうやって、根本を正すから、適切に伝えることができるのです。

逆にいえば、〈メッセージ〉をきちんと定めなければ、そもそも文章も、お話も、ビジュアル表現も、伝わるものになるはずがない、ということ。

「伝え方」の本質はそこにあります。

本書では、ぼく自身がさまざまな「伝える」にかかわるなかで見えてきた、伝えるコミュニケーションの本質をふまえつつ、いまお話しした〈メッセージ〉にフォーカスして「伝え方」の原則を考察しています。

第1章では、そもそも伝えるコミュニケーションとはどういうものなのかについて、構造やそこから生まれる課題などを指摘しながら読み解いています。

そして、第2章では、伝えるコミュニケーションの核となる〈メッセージ〉を魅力という観点から掘り下げ、つづく第3章では、〈メッセージ〉の見つけ方、定め方について、思考の型を示しながら説明しました。

さらに第4章では、伝えるコミュニケーション全般を意識した〈メッセージ〉の活用法をさぐるとともに、〈メッセージ〉を生かした伝え方の具体例のひとつとして、独自の文章モデルを提案し、巻末の「付録」では、一歩踏みこんだ伝え方のヒントとなる2つの目線を紹介しています。

説明のわかりやすさという観点から、おもに文章を題材にして話を展開していますが、ここでお話ししている「伝え方」の原理原則は、文章にかぎらず、さまざまな「伝える」にあてはまります。きっと日々の暮らしのなかで、仕事のなかで、ものごとを伝える際の手がかりになるものと信じます。

本書をお読みいただき、思うところ、感じるところがありましたら、ぜひ実際に活用してみてください。

その結果、もしみなさんの「伝え方」に少しでもいい変化が生まれたとしたら、著者としては幸いこのうえありません。

編集家　松永光弘

目次

第２章 「伝え方」に引力をもたせる

――〈よさ〉と〈わけ〉で魅力を語る。

第3章　「伝え方」の軸をつくる

第4章　「伝え方」を最適化する

装丁　居山浩二
高田風葉

第1章　「伝え方」には原則がある

——伝えたいことを、伝えてはいけない。

「はっきりわかっているから、はっきり伝えることができる」が基本。

大切なのは本当に「伝え方のうまさ」なのか

「伝えるべきことをひとことでいうと、なんですか？」

文章をみてほしいといわれて原稿などを受けとったとき、ぼくはかならず書いた人にこう訊ねることにしています。

文章を書くからには、なにかしら「伝えるべきこと」があるはず。それを

「ひとこと」でいうとなんなのか、と。

この問いかけに対する反応は、人によってさまざまです。

昔のことを思い出すように空の一点を見つめながら〝あらすじ〟を手短に話そうとする人もいれば、そこで紹介しようとしているものの特徴を抜粋して語る人もいます。

社会問題について書こうとしている人が、実現されるべき正義について熱っぽく指摘することもあれば、「こういうことを書けといわれたので」と書く前に誰かから与えられたテーマを復唱する人もいる。

ほとんどの人が、ぼくの問いかけに対して、なにかしらの説明をしてくれます。

ただ、「伝えるべきこと」をきちんと「ひとこと」で答えられる人はそう多くはいません。

なぜ、答えられないのか――ぼくはここにこそ「伝える」という営みを考えるうえで、もっとも大事なカギがあると考えています。

伝わる文章（人に納得してもらったり、共感されたりするような文章）にならない最大の原因は、じつは「伝えるべきことをひとことでいえない」ことにあるのです。

文章というと、構成や言葉づかいに工夫を施す「書き方のうまさ」で伝わるかどうかが決まるかのように思われがちです。言葉づかいが巧みでないから、構成に工夫がないから、自分の文章は説得力がないんだ、伝わらないんだと思いこんでいる人は少なくありません。

実際、文章をみてほしいといってこられる人の多くが「自分は書くのが下手なので……」という意味のことを口にします。

でも、まず重視しなくてはいけないのは、本当はそこではありません。

誤解のないようにつけ加えますが、もちろん「書き方のうまさ」は文章にとってすごく大切な要素のひとつです。

美しい表現はたしかに読む人を惹きつけるし、構成に工夫があると、話がすっと頭に入ってきやすくもなります。文章を読むという体験のクオリティを高める意味では、「書き方のうまさ」がとても重要な役割を果たすのはまちがいありません。

ただ、「伝える」ことにとって、「うまさ」がもっとも重要な課題かというと、そうとはいえないのです。

〝悪文〟でも伝わるのはなぜ？

具体的な例で考えてみましょう。

たとえば、高名な教育者の講演会があって、そこに参加した人から、会場で配られたアンケート用紙につぎのような感想が書かれていたとします。

今朝は久方ぶりに高く晴れた空を見上げながら、秋色に萌ゆる銀杏並木の道を一歩々々、踏みしめるように会場に参りました。初めて拝見した先生の御姿は清々しく、それでいて威厳に満ちていました。会場に響き渡る声は美しく澄み渡り、どこまでも凜としていました。このような希有な機会を頂戴致しましたこと、心より感謝申し上げます。御縁がございましたら、また是非とも御話を拝聴させていただきたく存じます。

じつはこれは、ぼくが実際に見かけた文章に少しだけ手を入れたものなのですが……、これを読んで、どのように感じるでしょうか？

なにやら高尚な言葉が並んでいて格調が高そうで、文章として〝それらしさ〟のようなものはあります。言葉づかいもていねいで個々の文の意味は理解しやすいかもしれません。

ただ、書かれている事柄に一貫性はなく、後半にいたっては定型に近いあいさつ文が並んでいるだけです。残念ながら、「書き手がなにを伝えようとしているのか」はよくわかりません。

社交辞令として、あたりさわりなく、お茶をにごしたいのであればいいかもしれませんが、これを読んだ人が納得や共感を覚えること（気持ちやこころを動かすこと）は、あまり期待できません。

では、同じ講演会の感想として、つぎのような文章が寄せられたらどうでしょうか。

めちゃくちゃ反省。涙が出ました。やっぱり人は大事にしなくちゃです。ありがとうございました。

けっしてうまい文章ではありません。言葉づかいはどちらかといえば雑だし、内容も断片的で、情報量も十分ではないかもしれない。文章のロジックにも危ういところがあります。

でも、「伝えようとしていること」はちゃんとわかります。

「その教育者の話を聞いたことで、これまで自分が人を大切にしてこなかったと気がついた。今後はそんな自分を改めていきたいと思っている」という書き手の思いは理解できるし、納得もできる。共感を覚える人も出てきそうです。

前者は、いってみれば美文です。でも、「伝わらない」。

いっぽうの後者は、どちらかといえば悪文ですが、「伝わる」。

ここで注目したいのは、なぜ悪文でも「伝わる」のか、です。

その最大の理由は、書き手の頭のなかで「伝えるべきこと」がはっきりイメージされていることにあります。

書き手が「伝えるべきこと」を明確に意識できていると、なにを書くべきか、どう書くべきかといった判断がつきやすく、必要な情報を見きわめることができるようになります。

その結果、少しくらい表現が雑でも、構成がととのっていなくても、盛りこむべき情報がきちんと盛りこまれた文章になりやすい。だから、伝わりやすくなるのです。

いっぽう、書き手のなかで「伝えるべきこと」が曖昧なままだと、そもそも盛りこむべき情報を見きわめられないうえに、適切に話を方向づけることもできません。

平たくいえば、なにを書けばいいのかがわからない状態です。

まさに先ほどの前者の例がそうですが、そうなると、どこかで聞いたような耳ざわりのよさそうな文言やとりとめもないこと、あるいは型どおりのあいさつなどを書き連ねてしまいがちになります。

結果、「それっぽいけど、なにをいいたいのかわからない」「伝わらない」ということになってしまう。

書き手が「なんとなく」としかわかっていないことは、言葉をつくしても

「なんとなく」としか伝わりません。

自分が「はっきりわかっていること」だから、「はっきり伝える」ことができるのです。

伝え方のいちばんの基本はここにあります。

文章を書くとは「整理整頓」すること。

素材が的はずれなら、工夫は生きない

なぜ「伝えるべきこと」を「はっきりわかっている」と、「はっきり伝えられる」のか。「伝える」という行為を読み解きながら、もう少しだけ詳しく説明しましょう。

私たちは、だれかになにかを伝えるとき、かならず〈表現物〉をつくります。文章もそうですし、話して聞かせるお話もそう。デザイナーがつくるロ

ゴマークやポスター、クリエイターがつくる動画などもそうです。

形態や用い方はさまざまですが、なにかしらの〈表現物〉をつくり、それを人に投げかけることで、「伝えよう」とします。

では、その〈表現物〉は、どのようにつくられるのか。

「表現する」「つくる」というと、まず思い浮かぶのは、実際に手などを動かして、なにかをかたちづくる作業でしょう。文章でいえば言葉を書いていく作業がそれですが、いろんな情報や要素といった素材を加工しつつ、構成を工夫したり、順序立てて配置したりしながら、「組み立てる」ようにして、かたちにします。

でも、それはあくまで〈表現物〉をつくる最終段階の話です。

実際には、その前に「組み立て」のために「必要な素材を集めるプロセス」が存在します。

文章でいえば、盛りこむべき事実だったり、データなどの情報だったり、考えや思いだったりといったものをあちこちから見つくろう。いわば素材を「選びとる」プロセスです。

こう書くと、執筆のための下調べの話のようですが(それも含みますが)、いまここでとくに注目したいのは、もっと思考に近い部分の意識の動きです。振り返って思い浮かべていただくとわかるように、文章を書いたり、話をしたりするときには、誰しも、

「あの出来事を書こうかな……。いや、ふさわしくないか」
「あのデータを入れてみようか……。いいかもしれない」

などと、いろんなことを思い出しながら、盛りこむべき素材を吟味します。

そして、そこでふさわしい、適切だと判断したものをつかって、文章やお話を「組み立て」ていく。

あくまでおおざっぱにいえば、ですが、私たちは素材を「選びとって」、それを「組み立てる」という、この2つのプロセスを経て、伝えるための〈表現物〉をつくっているのです。

ある基準にそって取捨・選択する意味の「整理」と、あるべき場所に置くという意味の「整頓」をあわせた「整理整頓」という言葉がありますが、イメージとしては「選びとる」が整理、「組み立て」が整頓です。

となると、先ほども指摘したように、文章にせよ、ほかの〈表現物〉にせよ、注目されるのは最後の「組み立て」のプロセスであっても、実際に〈表現物〉の出来を左右する、つまりは適切な伝え方ができるかどうかは、「選びとる」プロセスにかかっているといえます。

いくら腕のいいシェフでも、肉が用意されていなければステーキをつくることができないのと同じで、集めた素材が的はずれであれば、そもそも的を射た＝伝わる〈表現物〉をつくりようがないからです。

「伝えるべきこと」が判断の〝ものさし〟になる

では、適切に素材を「選びとる」にはどうすればいいのか。

ここでいう素材は、文章でいえば、盛りこむべき事実やデータといった情報、考えや思いなど……とお話ししましたが、素材のもとは、記憶を含めて、世の中のいたるところにあります。

でも、それが必要なものかどうかを見きわめるには、判断のもととなる

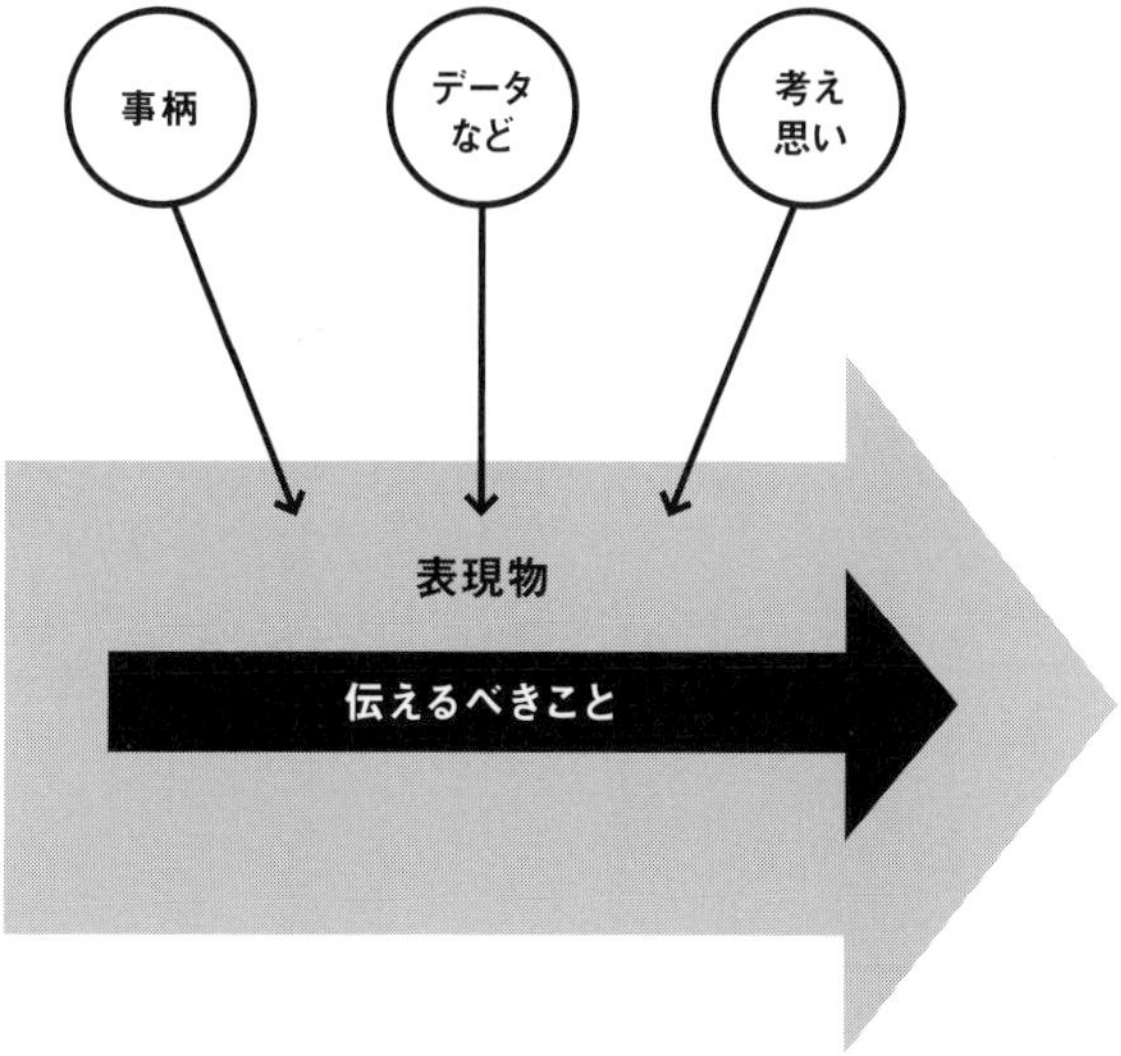

「伝えるべきこと」を“ものさし”に表現物がつくられる。

〝ものさし〟が不可欠です。

もうおわかりかと思いますが、この選びとるための〝ものさし〟となるのが、「伝えるべきこと」なのです。

それが「なんとなくわかっている」くらいの状態だと、基準が曖昧ですから、素材を適切に「選びとる」のは難しい。

でも、「伝えるべきこと」がはっきりわかっていると、〝ものさし〟が明確ですから、「はっきり選びとる」ことができるようになります。「伝えるには、この情報が必要だ」と、適切な素材を選びとることができる。

「伝えるべきこと」は、いわば「伝え方」の扇の要のようなものなのです。そこが定まらなければ、文章であれ、お話であれ、なんであれ、適切に「伝える」ことが難しくなります。

だからこそ、なによりも最初に「伝えるべきこと」を明確にする必要があるのです。

そして、注意しなくてはいけないのは、「伝えるべきこと」にも、きちんと機能する、つまりは「伝わる」を生みだすことができるものと、そうでないものがあるということ。

まさに、伝えるコミュニケーションの生命線ですが、そこに注目して、本書では、本当に機能する「伝えるべきこと」を〈メッセージ〉と位置づけ、その実体と効用、そして導きだし方について考えていきます。

やっぱり、いきなり書きはじめてはいけない。

「いきなり」だと手がかりがない

いきなり書きはじめたほうがいいのか。
それとも、ある程度、なにかしらの準備をしてから書きはじめたほうがいいのか——。

文章の書き方を語るときに、かならず議論されるテーマのひとつです。

しかし、これも「はっきりわかっているから、はっきり伝えることができる」が基本だとわかれば、答えは明白です。

やっぱり、いきなり書きはじめるのは適切とはいえません。準備すべきことを準備してから、つまりは「伝えるべきこと」を明確にしてから書きはじめたほうがいい。

そのことは、実際に文章を書くときのことを想像してみるとよくわかります。

仮に、あなたが社会人向けスクールの広報担当だとして、ふだんおこなわれている講義の様子を案内パンフレットで記事として紹介しなくてはいけないとします。

なにをどんなふうに書くか……。悩むところです。

もしそこでいきなり書きはじめようとしたら、どうなるでしょうか？

講義のことを書かなくてはいけないとは思いつつも、なにをどのように紹介すればいいのか、見通しが立たないはずです。

講義の内容や、受講者の様子、教室内のムードなど、ネタになりそうなことはたくさんある。

でも、そのどれを、どのように紹介すればいいのかがわからない。記事に盛りこむべきこと、書くべきことがはっきりと見えない……。

先ほどの話でいうと、素材を「選びとる」ことができない状態です。

そのまま書きだしてしまうと、とりあえずそれらしいことを書き連ねて、「それっぽいけれど、なにがいいたいのかよくわからない記事」になってしまったりします。

でも、そこで自分なりに考えをめぐらせて、先に「伝えるべきこと」をはっきりさせておくとどうなるか。

たとえば、仮に「自校の講義では、特別な緊張感のおかげでふだん以上に集中でき、多くの学びを得られる」というものがそれだとしたら、受講者の真剣な姿勢を掘り下げたり、そのなかで獲得した気づきのレベルが非常に高かったことを指摘したり、その両方のあいだにある因果関係などを書いて紹介したりすればいい、ということが、すぐに見えてきます。

「伝えるべきこと」が表現を決める

じつは同じことは、記事の内容だけでなく、文章にあわせて載せる写真などを選択するときにもあてはまります。

講義の紹介記事となると、「講義だから」と安易に教室での受講風景の写真が選ばれたり、「いい表情だから」と笑顔の受講者の写真が選ばれたりすることは少なくないのですが、そこに一貫性がなければ、読んだ人は違和感を覚え、納得したり、共感したりしづらくなります。

でも「伝えるべきこと」が自覚できていれば、そうはなりません。

先ほどの「自校の講義では、特別な緊張感のおかげでふだん以上に集中でき、多くの学びを得られる」を「伝えるべきこと」とするのであれば、受講風景の写真は緊迫感があるものがいい、受講者の写真は笑顔のものではなく、真剣な表情のものが適している、と迷うことなく判断できます。

感度のいい人はすでにお気づきかもしれませんが、デザインも同じです。「伝えるべきこと」が定まっていれば、それを感じてもらうのにふさわしいデザインをつくったり、制作をデザイナーに依頼したりすることができるし、評価することもできます。

いまの講義の例であれば、「真剣味やリアリティを感じられるようなデザインがふさわしい」と方向性を打ち出すこともできる。

でも、「伝えるべきこと」をはっきり意識しないまま、「このほうがおしゃれだから」とか、「なんとなく好きだから」といった理由でデザインしたり、デザインを選んだりすると、要領をえないものになってしまいます。

文章にせよ、写真の選択にせよ、デザインにせよ、「はっきりわかっているから、はっきり伝えることができる」という基本は同じなのです。

「伝え方」の要は「伝えるべきこと」の自覚にある

いまのお話は、もちろんプロと呼ばれる人たちの仕事にもあてはまることです。

たとえば、アーネスト・ヘミングウェイが書いたといわれる「6単語の短編小説」にも、同じような思考の存在をうかがうことができます。

「売ります。赤ん坊の靴。未使用。」

（For sale: baby shoes, never worn）

原文はたった6つの単語。しかし、これだけで赤子を亡くした親の切なさがしっかりと伝わってきます。

「書き方」はたしかにうまい。秀逸です。

でも、たった6語で「うまく書ける」のも、もっといえば6語という短い表現に集約できるのも、書く前の時点で「伝えるべきこと」がはっきりとイメージされているからにほかなりません。

「伝え方」の要は、やはり「伝えるべきこと」の自覚にあるということです。

「伝えるべきこと」がきちんと定まっていなければ、そもそも「伝わる伝え方」になりづらい。もっといえば、「伝えるべきこと」を自覚するから「伝え方」がわかる、伝えられるようになる、ともいえます。

「伝わる」とは、納得以上を生みだすこと。

「伝える」と「伝わる」は、どうちがうのか

さて、「伝え方」の話をさらに先に進めていく前に、言葉の定義を確認させてください。

「伝える」と「伝わる」について、です。

やや曖昧なまま、「伝える」「伝わる」という言葉を用いてきましたが、この2つの言葉は、見た目は似ていても、意味するところはまったく異なりま

す。いちばんのちがいは「動作の主体」です。

「伝える」は、誰かに向かって自分の主張や情報を投げかける行為のこと。動作の主体は、文章でいえば書き手、お話でいえば話者です。

これに対して「伝わる」の主体は、文章でいえば読み手、お話でいえば聞き手。基本的には投げかけられた主張や情報を受けとめる行為を意味しますが、でも、ただシンプルに受けとめるだけではなく、「受け手」の内面に、なにかしらの影響が及ぼされます。

辞書に書かれている「伝わる」の意味は、もう少し客観的な現象としての伝達に近いものかもしれませんが、いまここで取り上げたい「伝わる」は、人の内面への作用も含めたニュアンスです。

具体的にいうと、ぼくは受け手に「納得以上」が起こったときに「伝わった」と評価することにしています。

そもそもの話ですが、文章やお話を読んだり、聞いたりした先に起こる受け手の反応には、大きく分けて3つの段階があります。

ひとつは「理解する」。読んだり、聞いたりしたものについて知的にわかるという段階。

そのつぎが「納得する」。理解したものを解釈して、そのとおりだと知的に肯定する段階。

そして、その先にあるのが「共感する」です。知的に肯定したうえに、感情的にも同調する段階。

たとえば、友だちから「会社で上司のパワハラにあっている」という話をつぶさに聞いて、状況や事実関係を把握して「わかった」となるのが「理解」のレベルです。

そのうえで話の内容を咀嚼して、「それは不条理な事態だね」「きみのいうとおりだよ」と知的に肯定するのが「納得」のレベル。

さらに、そこに感情移入して、「それはつらいな」「ぼくだったら逃げだしているよ」と同調するのが「共感」です。

めざすは納得、あわよくば共感

一般的には、この「共感」を得ることが、文章を書いたり、話をしたりする際の目標とされることが多いようです。

ただ、実際のところでいえば、「共感」をめざすのは、そう簡単なことではありません。

なぜなら「共感」は、多くの場合、伝え手の考えや思い、気持ちに、その人

（受け手）の具体的な経験がひもづいて起こるからです。簡単にいうと、「あ、その気持ち、自分もあのとき同じようなことを経験したからわかるよ」という実感こそが共感です。

なにかを伝えるときに、受け手の境遇や人生について、ある程度のところまでは想像することができます。

でも、受け手が「自分と同じだ」と感じるような具体的な経験をいい当てるのは容易でないケースも多い。そのぶん、「共感」はめざしづらいのです。

こうした事情をふまえてぼくは、文章などでなにかを伝えようとする人には、「めざすのは納得、あわよくば共感」という目標を掲げることをすすめています。

……と、話が横道にそれましたが、この3つの段階のうち、「理解」は単純な情報伝達の話であり、受け手の内面に影響を及ぼすものではありません。

内面になにかしらの影響をもたらすのは、「納得」と、そのつぎの段階である「共感」です。

「理解したけれど、納得していない」という状態では、「伝わった」とはいえない。

「理解したし、納得もした」「共感した」となってはじめて「伝わった」といえる。

文章を含め、さまざまな伝えるコミュニケーションがめざすのは「納得以上」を生みだすことなのです。

「コミュニケーションの橋」は、じつは2つある。

「伝えたいこと」を伝えれば、本当に「伝わる」のか

さて、話を戻します。

はっきりとわかっているから、はっきりと伝えることができる。

だから、「伝えるべきこと」をあらかじめ自覚することが大切。

こう聞いて、「そうか。じゃあ、まずは〝伝えたいこと〟をとにかく研ぎ澄まそう」と思ってくださった方。

ひとまず、方向性はそういうことです。

でも、その先――ただ理解してもらうだけでなく、相手に納得してもらったり、賛同してもらったり、共感してもらったりしたいのであれば、じつはもう少し考えなくてはいけないことがあります。

それは、「伝えたいこと」を伝えれば、本当にそれで「伝わる」のか、ということ。

世間では「自分が伝えたいことを伝えるべきだ」とよくいわれます。

でも、本当にそれでいいのか。それで通用するのか……。

結論からいうと、残念ながら、そういつもうまくことが運ぶわけではありません。

実際のコミュニケーションでは、「伝えたいこと」を伝えても相手に伝わらないことが少なくありません。

いちばんわかりやすい例のひとつは説教でしょう。

たとえば、親が子どもに「勉強しないと、ろくなおとなになれない」と伝えたいとする。もしくは「自分は勉強しなかったことを後悔している」と伝えたい。

そのまま伝えたところで、子どもが納得したり、共感したりすることはまずありません。

「伝えたいこと」を伝えても、伝わらない。

なぜでしょうか。

最大の原因は、じつは伝えるコミュニケーションの構造そのものにあります。

そもそも、伝え手の「伝えたいこと」が、受け手にすんなりとは受け入れられづらい構造のなかで、私たちはコミュニケーションをしているのです。もっといえば、「伝えたいこと」をそのまま伝えても、納得してもらったり、共感してもらったりするどころか、受け手とのあいだに「コミュニケーションの橋」が架からない可能性すらあります。

相手に〝直接〟働きかけることはできない

いったい、伝えるコミュニケーションは、どんな構造になっているのでしょうか。

といっても、けっして小難しい話ではなく、要は「私たちが日ごろ、どんなふうにコミュニケーションをしているか」ということなのですが……、こういわれて、多くの人たちがまず思い浮かべるのは、次ページのような構図でしょう。

登場人物はふたり。

ひとりは、なにかを伝えようとする「伝え手」。

もうひとりは、それを受けとる「受け手」です。

この関係のなかで、「伝え手」は「受け手」に向かってなにかを「伝えよう」と働きかけます。

その結果、うまく「受け手」が納得したり、共感したりすれば「伝わった」となる……。

こうしてみると、ごくふつうのことを語っているだけで、おかしなところはなさそうに思えます。

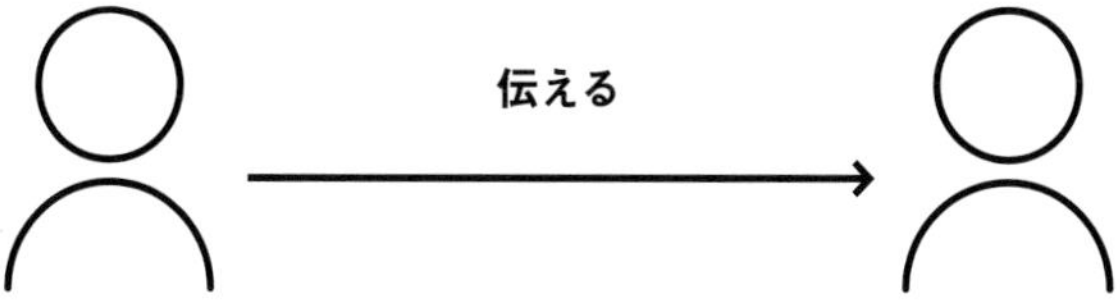

一般にイメージされる伝えるコミュニケーション

しかし、実際の伝えるコミュニケーションは、こんなふうにおこなわれてはいません。

登場人物がふたりというのは同じです。

ひとりが「伝え手」で、もうひとりが「受け手」というのも変わらない。

ただ、働きかけのプロセスが少しちがっています。

「伝え手」が「受け手」に〝直接〟働きかけることはまずありません。

「伝え手」はかならず「伝える事柄」をいったん表現します。

そして「受け手」が、そこにかかわり（見たり、聞いたり、読んだりする）、そのうえで納得したり、共感したりしたときに「伝わった」となる（次ページ図。

「受け手」が複数の場合は、このコミュニケーションが個別に複数箇所で起こる）。

これが伝えるコミュニケーションの本当の姿です。

本書ではすでに〈表現物〉の話をしているので、そこまで違和感はないか

実際の伝えるコミュニケーション

もしれませんが、講演などでぼくがいきなりこの構図の話をすると、「いったん表現する」という部分に戸惑う人もいます。

いや、自分はそんなたいそうなことはしていない、と。

でも、冷静に考えるとわかるように、人から人へ、なにかを〝直接〟伝達することはできません。そんなことができるのは、テレパシーが存在するSFの世界だけです。

現実の人と人とのコミュニケーションは、かならずなにかを媒介しておこなわれます。

文字によるコミュニケーションなら、紙やデジタルデバイス上などに表示された言葉や文章。話すコミュニケーションなら、声として発した言葉や話がその役割をにないます。

映像にしてもデザインにしてもそうでしょう。あるいは事業などにもあてはまることかもしれません。

なにかを伝えるコミュニケーションはすべて、「伝え手」が伝える事柄をいったん表現し、「受け手」がそれを見聞きする、という2段階のプロセスを経ています。

別のいい方をすると、伝えるコミュニケーションは、「表現する」と「見聞きしてもらう（文章でいえば「読んでもらう」、お話でいえば「聞いてもらう」）」という2つの行為から成り立っているということ。

コミュニケーションの橋はひとつではなく、2つあるのです。

伝えるコミュニケーションの主導権は受け手にある

でも、なぜこの構造だと「伝えたいこと」がすんなりと伝わらなくなるのでしょうか。

いちばんのポイントは「第2の橋」にあります。

伝え手としては、伝えるからには受け手とのあいだにコミュニケーションを成り立たせたい。にもかかわらず、この「第2の橋」を伝え手自身で架けることができないのです。

たとえば、先ほどお話しした子どもへの説教であれば、親は子どもに対して、「勉強しないと、ろくなおとなになれない」「自分は勉強しなかったことを後悔している」などと伝えたいと思っている。

その考えを、思いをこめて、言葉を選んで、自分なりにきちんと「表現する」ところまでやったとしましょう（第1の橋を架けた）。

でも、その話を子どもが聞いてくれるどうか（第2の橋が架かるかどうか）は、また別の話です。

もちろん「聞いてほしい」とお願いすれば、耳を傾けてくれるかもしれませんが、それでも最後までしっかりと聞いてくれる、意識を向けて話につきあってくれるという保証はどこにもありません。

「話を聞く」という行為を伝え手が強制することはできませんし、仮に強制的に聞かせることができたとしても、真剣に聞くかどうかは受け手次第。受け手が決めることとです。

受け手はその話を聞くこともできますが、聞くのをやめることも自由にできる。伝え手にとって大切な話であろうが、思いがつまっていようが、そんなことは（シビアないい方をすれば）受け手には関係がありません。

基本的には、受け手自身が聞こうと思えば聞くけれど、聞きたくなければやめてしまう。

ほとんどの伝えるコミュニケーションは、受け手がある程度の時間や労力、注意力などを割いて、読んだり、聞いたりしてくれなければ、「納得」はおろか、「理解」にもたどり着くことができません。

にもかかわらず、伝え手にできるのは、表現するところ（第1の橋）まで。受け手の関与（第2の橋）を確実なものにすることができないのです。

いわば、伝えるコミュニケーションの主導権は、伝え手ではなく受け手にあるということ。

ここに伝えることの難しさ、伝えるコミュニケーションの構造的な課題があります。

伝えたいことを、伝えてはいけない。

受け入れられるのは「伝えられたいこと」

受け手自身が聞こうと思えば聞くけれど、聞きたくなければやめてしまう――。伝え手の立場で考えると身勝手にも思える話ですが、なんのことはない、これはふだん私たちが誰しもやっていることです。

とくにわかりやすいのは、テキストとのかかわりでしょう。

日々、スマートフォンをのぞきこみながら、私たちはニュースアプリやポータルサイト、ＳＮＳなどでたくさんの記事に出あいます。あるいは企業に属している人なら、会議資料や企画書、報告書、メールなど、膨大なテキストを手にします。

振り返ってみるとわかることですが、そのすべてを読んでいる人はまずいないはずです。

しっかり読むものもあれば、ななめ読みするものもあるでしょうし、少し読みかけてやめたり、タイトルだけ見て読まないものもあったりする。

先ほどの「話を聞く」と同じで、「読もうと思えば読むが、読みたくなければやめてしまう」。それをくり返しています。

そのとき私たちは受け手として、なにを思い、どう判断しているのか。

情報に出くわすたびにまず、それが自分にとって「知りたいこと」や「聞きたいこと」「読みたいこと」なのかどうかを品定めするような目で見ているはずです。

そのフィルターに引っかかるようであれば、かかわってみる。

そうでなければ、かかわらない。

ここからわかるのは、受け手が受け入れるのは、伝え手が「伝えたいこと」ではなく、自分が「伝えられたいこと」だということです。

そして、当然のことながら、伝え手の「伝えたいこと」と受け手の「伝えられたいこと」は、かならずしも同じではありません。「伝えたいこと」を伝えても、受け入れられない可能性が高い。

伝えるコミュニケーションの構造から考えると、「伝えたいこと」を伝えてもすんなりと伝わらないのは、当然のことなのです。

「いいこと」をいっていれば伝わるのか

「伝えたいこと」と「伝えられたいこと」はちがう――。

つい先日も、そのことを痛感させられる出来事がありました。生成型ＡＩのことを知らなかったある中学生に、スマートフォンでＣｈａｔＧＰＴをつかわせてあげたときのことです。

彼がＡＩにいきなり投げかけたのは、「親がうざい。どうしたらいい？」という言葉でした。なかなか辛辣ですが……、これに対してＡＩは、すかさずつぎの答えを返してきました。

「親との関係に悩むことは、多くの人が経験することです。まずは、親の行動がどのようなものであっても、彼らがあなたを愛していることを忘れないでください。彼らの行動には、あなたが気づかないような背景や理由があるかもしれません」

驚いたのは、あとでいろんな人（おとな）にこの返答を見せたところ、絶賛する意見が多かったことです。

「お手本にしたい」「子どもに読ませたい」「学校の先生も参考にすべきだ」などと、みな思った以上の高評価でした。

たしかにＡＩの返答は、いいことをいっているとは思います。

でも、忘れてはいけないのは、この言葉はその中学生に投げかけるもの（伝えるもの）だということです。

本当にこれで彼は納得するのか。「伝わる」のか。

実際のところは……、みじんも納得せず、でした。「ＡＩ、うざい」といったなり、彼はすぐさまスマートフォンを置いてしまいました。

おとなたちには、ＡＩの返答がすぐれた投げかけのように見えたのでしょう。しかし、それは自分たちが「伝えたいこと」にすぎません。

いくら「いいこと」「正しいこと」をいっていても、「伝えたいこと」そのままを、相手が受け入れてくれるとはかぎらないのです。

「かかわってもらえる前提」という落とし穴

同じように伝えるコミュニケーションの構造的事情に足をとられがちなのは、選挙運動でくり広げられる演説です。

候補者たちは「伝えたいこと」を豊富にもっています。そして、そこには正義があると信じてもいる。

でも、その自信のせいで、受け手が自分の話に耳を傾けない、スルーしがちであることにあまり意識が及びません。

むしろ、「大切なことを話しているのだから、聞かないほうがわるい」といった心理状態に陥りがちになり、一方的に「伝えたいこと」を投げかけつづけ、結果、「伝わらなかった」ということになったりする。

広告の世界でも、昔から、もっとも難しいのは、社会問題などについてアピールする公共広告制作だといわれています。社会にとっての正論を訴えかけようとすると、つい「伝えたいこと」をそのままぶつけてしまいがちになるからです。

こうした例からもわかるように、伝えるコミュニケーションの最大の落とし穴のひとつは、「聞いてもらえる前提」「読んでもらえる前提」でものを考えることにあります。

「第2の橋」はずっと架かっている、その橋は落ちたりしない、という勝手な思いこみのなかで伝えようとしてしまうのです。

「伝えたいこと」と「伝えられたいこと」はかならずしも同じではありません。「いいたいこと」と「聞きたいこと」はやっぱりちがう。

ですから、たしかに文章を書いたり、話をしたりする前に、ひとことでいいあらわせるレベルで主張を自覚することは大切ですが、それは自分が「伝えたいこと」をしぼりこむ、そのまま研ぎ澄ます、結晶化するという意味ではありません。

「伝わる」ようにしたいなら、ひとことでいいあらわす時点で、相手（受け手）が納得して、あわよくば共感するような「伝えられたいこと」へと、「伝えたいこと」を変換しておく必要があるのです。

「自分ごと」だから、受け手は耳を傾ける。

「伝えたいこと」は、しょせん「他人ごと」

では、「伝えたいこと」をどのように「伝えられたいこと」に変換すればいいのか。ポイントとなる考え方について見ていきましょう。

前のところでもお話ししたように、「伝えたいこと」をそのまま伝えても、それが受け手にとって「伝えられたいこと」でなければ、なかなか受け入れてはもらえません。

ならば、受け手の注意を引くこと、ウケることだけを考えればいいのかというと、それもちがいます。当たり前の話ですが、いくらウケても、それが「伝えたいこと」と無関係であれば、そもそも伝え手にとって伝える意味がありません。

「伝えられたいこと」は、ただ受け手に望まれているだけでなく、伝え手にとっても意義のあるものでなくてはいけない。あくまでも「伝えられたいこと」は「伝えたいこと」を変換したものであるべきです。

その変換をどう考えればいいのか。

『怒りの葡萄』などで知られる作家、ジョン・スタインベックは、つぎのような言葉をのこしています。

「自分に関する物語でなければ、人は耳を傾けたりしない」

すなわち、ポイントは、受け手が「自分ごと」と感じられるようにすることと、にあります。

「伝えたいこと」は伝え手目線のものであり、受け手にとっては「他人ごと」です。他人ごとだから、興味もわかないし、耳を傾ける気にもなりづらい。それを受け手が「自分ごと」と感じることができるように、再解釈して意味や価値を置きかえていく。

ここはまさに、ぼく自身が企業などからアドバイスを求められることが多いところなのですが、やや身近なケースでいえば、たとえば、以前、あるカフェの経営者から、「新たに導入した浄水器の精度の高さをお客さんにアピールしているのだけれど、なかなかわかってもらえない」と相談を受けたことがあります。

その浄水器をつかえば、驚くようなレベルで水から不純物を取り除くことができる。同等の機器を備えているお店はそう多くはないはずだから、そこを自店の売りとしてお客さんにアピールしたい……ということですが、その気持ちはわからないでもありません。

すばらしい機械や設備を導入すれば、たしかにそのすごさを誇りたくもなるし、お客さんにも伝えたくなるでしょう。

でも、これは「伝えたいこと」であって「伝えられたいこと」ではありません。おいしいコーヒーを楽しみたいと思ってカフェを訪れるお客さんのほとんどにとっては、残念ながら「他人ごと」である可能性が高い（コーヒーを飲もうと思っているときに、コーヒーのおいしさには興味があっても、水の不純物を取り除くこと自体にはそこまで興味がない）。

そのまま伝えても、理解はしてもらえるかもしれませんが、すぐに納得したり、共感したりしてもらえる可能性は低いでしょう。

ただ、この「伝えたいこと」を再解釈して、たとえば「ほかにはない純度の高い水のおかげで、コーヒー豆の風味をしっかりと感じることができる」のようにいい換えることができれば、事情はちがってきます。

このひとことをもとに、キャッチコピーを書いたり、ポスターをつくったりしてアピールすれば、お客さんのなかにも「自分ごと」として受けとめる人が出てきて、納得したり、共感したりしてもらいやすくなります。

つい「伝えたいこと」を伝えてしまう

ほかの例でいえば、ぼくが企画および編集を担当した、クリエイティブディレクター・水野学さんのブランディングデザインに関する本のタイトリングの際にも、同じ考え方をしています。

この本は、水野さんが慶應義塾大学で実施した講義をまとめたもので、いまではたくさんの経営者に愛読されるロングセラーとなっています。

もちろん、それはもととなっている講義が、明快かつ本質的で、とてもすばらしいものだからなのはいうまでもありません。ただ、本として「伝える」ことを考えるときには、やはりそれなりに工夫も必要です。

「伝えたいこと」は、まさに「水野さんが非公開で話したブランディングデザインの講義内容を知ることができる」。

でも、そのままでは、書籍化するにあたって主として読者になってもらいたい相手、つまりは企業の経営者をはじめとした事業にたずさわる人たちにとって「伝えられたいこと」ではありません。

そこで「伝えたいこと」を再解釈して、「自分ごと」として受けとめられるようにと工夫したのが、つぎのタイトルです。

『「売る」から、「売れる」へ。
――水野学のブランディングデザイン講義』

「伝えたいこと」から「伝えられたいこと」への変換とは、こういうことです。いまはカフェと本の例でお話ししましたが、つい「伝えたいこと」ばかりを伝えてしまっていることは、さまざまなビジネスシーンにも、日々の暮らしのなかにも数多く見られます。

事業企画をプレゼンするときに、自分のこだわりばかりを熱心に語ってしまう。

商品をお客さんに紹介するときに、そこでつかわれている専門的な技術について過剰に時間をかけて説明してしまう。

力を貸してもらいたいと頼みごとをする相手に、自分がどう困っているのかということばかりを話しつづけてしまう。

家族への不満を、辛辣な言葉で本人にぶつけてしまう。

いずれも「伝えたいこと」をそのまま伝えたせいで、受け手としては納得したり、共感したりするのが難しくなっています。

誤解のないようにつけ加えますが、「伝えたいこと」が重要でないといっているのではありません。あくまで、それをそのまま伝えれば伝わるわけではない、というお話です。

自分なりに「伝えたいこと」をもつ。そのうえでそれを受け手にとっての「自分ごと」になるように変換していく。

そうすることで、受け手に伝わる伝え方ができるようになるのです。

「伝える」の本質は〈メッセージ〉にある。

〈メッセージ〉とは、受け手にとっての「魅力」

「伝えたいこと」を「伝えられたいこと」へと変換する。
それが「伝えるべきこと」——。

いまお話ししたことは、ごく簡単にいえば、こういうことです。
でも、ひと口に「伝えられたいこと」といっても、「耳を傾けてもいいかな」

というレベルのものもあれば、「ぜひとも詳しく聞きたい」というレベルのものもあります。

受け手にしっかりと納得してもらい、あわよくば共感してもらうことを考えるなら、後者のように、少し前のめりになってかかわってもらえるような投げかけをしたいところです。受け手を引きつける「引力」が、そこにほしい。そのためにも、「伝えるべきこと」は、受け手にとって「魅力」と呼べるものになっている必要があります。

この点をふまえて、ここまでのお話をまとめると、「伝える」ために、まずやらなくてはいけないのは、つぎのことです。

伝え手の「伝えたいこと」を、受け手を引きつける「魅力」へと変換し、ひとことでいいあらわす。

この「ひとこと」を、ぼくは〈メッセージ〉と呼んでいます。

〈メッセージ〉とは、伝え手の「伝えたいこと」を代弁するものであり、受け手にとっての「伝えられたいこと」「魅力」でもあるひとこと。

この〈メッセージ〉がきちんと定められているからこそ、文章であれ、お話であれ、ビジュアル表現であれ、あるいは事業であれ、適切に表現し、適切に伝えることができるようになります。

あらゆる伝えるコミュニケーションの〈表現物〉は、まず〈メッセージ〉があって、そのあとに存在するものです。

もっといえば、文章を読んだり、話を聞いたりして、すばらしいと感じたのだとしたら、多くの場合、それは文章や話の書き方、話し方がすばらしいという以前に、〈メッセージ〉がすばらしいということ。

本当の意味で「伝わる」のは、文章などの表現の部分ではなく、その奥に内在する〈メッセージ〉なのです。

すべては〈メッセージ〉からはじまる

「はじめに」にも書いたように、ぼくは編集家として、出版などのメディアに関係する仕事だけでなく、企業や各種団体のプレスリリースや発表資料、オウンドメディア、メディア掲載記事をはじめとしたさまざまな発信にかかわったり、教育事業に取り組んだり、講演活動をしたりと、いろいろな伝えるコミュニケーションにたずさわっていますが、基本的にそれらすべてを、この〈メッセージ〉を手がかりに監督しています。

〈表現物〉にきちんと〈メッセージ〉が存在しているか。

それは十分なものか。

そういう目で見ながら、もし不十分なところがあるのなら、伝えるコミュニケーションの構造のどこの部分の通りがわるいのか、その原因は……などとイメージのなかで点検しつつ、文章の書き手やクリエイター、経営者らに対して補強のための質問を投げかけて必要な答えを導きだし、まずは〈メッセージ〉が妥当なものになるようにうながしていきます。

そして、そこが定まったら、〈メッセージ〉が語られるために十分なものであるように、文章やビジュアルなどの〈表現物〉を調整していく。

そうやって、伝え方を「伝わる化」していきます。

（ちなみに、同様の取り組み方は、今後、ＡＩ活用にも必要になるのではないかとみています。この先、ＡＩがさらに身近な存在になり、文章をはじめとする「表現の作成」においても重要な役割をになうようになったとしたら、伝え手である人間には、これまでのような「うまく書く力」「つくる力」ではなく、「伝えるコミュニケーションを制御する力」が求められるようになるでしょう。その際、ＡＩへの作業リクエストはもちろん、ＡＩが生みだす〈表現物〉の目利きや修正に必要となるのは、まさにこの〈メッセージ〉目線です）。

〈メッセージ〉は、ほんの1文の短い言葉にすぎません。

伝える場に応じて、これをもとにその場に適した〈表現物〉をつくっていく必要もあります。

そういう意味では、〈メッセージ〉はそれだけでコミュニケーションのすべてを完結させるものではないかもしれません。

でも、〈メッセージ〉があるからこそ、「選びとり」「組み立てて」、伝えるために必要な〈表現物〉を適切につくることができます。

ゲーテは、つぎのような言葉を残しています。

「明晰な文章を書こうと思うなら、その前に、彼の魂のなかが明晰でなければダメだ」

「伝える」の本質は〈メッセージ〉にあります。

〈メッセージ〉を定めるからこそ、「伝える」ことができるのです。

第2章　「伝え方」に引力をもたせる

――〈よさ〉と〈わけ〉で魅力を語る。

必要なのは、
必要性。

人はそもそも「踏みだせない存在」

突然ですが、名言をいくつか並べてみます。

「疑わずに最初の一段をのぼりなさい。階段のすべてが見えなくてもいい。とにかく最初の一歩を踏みだすのです」

――マーティン・ルーサー・キング・ジュニア

「人生はどちらかです。勇気をもって挑むか、棒に振るか」

――ヘレン・ケラー

「いいかい、こわかったら、こわいほど、逆にそこに飛びこむんだ」

――岡本太郎

「行動を起こし、いまをつかめ。人は貝になるためにつくられたのではない」

――セオドア・ルーズベルト

「どんな道でも進まなければ山にたどり着かない」

――ノルウェーのことわざ

名言にはなんらかの教えがあるものですが、さて、これらに共通している教訓はなんでしょうか。

それは、「一歩を踏みだすことの大切さ」です。

人は目の前に道があっても、なかなか先に進もうとはしません。おそれをなしたり、億劫になったり、面倒くさくなったりと理由はさまざまですが、とにかく一歩が踏みだせない。

そのせいでせっかくの可能性の芽をみずから摘んでしまうこともあります。だからこそ、まず一歩を踏みだすことが大切――いずれの名言も異口同音にそう訴えています。

紙面の都合もあって、ここには5つだけを並べてみましたが、同様の名言は無数にあります。まさにいまも昔も、洋の東西を問わず、人は〝踏みだせない存在〟なのです。

なにがいいたいのかというと、コミュニケーションにおいても人は同じ態度をとりがちだということです。

受け手はやはり踏みだせず、なかなか積極的にコミュニケーションにかかわってはくれません。基本的に、前のめりではない。

ですから、「伝えるべきこと」をあらかじめひとことにするのはもちろん大切なのですが、第1章でお話しした「第2の橋」をしっかりと架けるには、そこに「かかわりたい（読んだり、聞いたりしたい）」と思えるような「引力」がほしい。

そのためにも、「伝えたいこと」を変換して導きだされる「ひとこと」、すなわち〈メッセージ〉は「魅力」を語ったものになっている必要があります。

必要性を感じるものに引きつけられる

では、〈メッセージ〉で語られるべき「魅力」とは、どのようなものなのでしょうか。

といっても、基本的には、辞書の「魅力」の項目に書かれている「人のこころを引きつける力」もしくは「人のこころを引きつける特徴やもの」に近い意味あいなのですが……、「伝え方」というテーマにそって、もう少しだけ解像度を上げてとらえてみましょう。

「魅力」を読み解くヒントは、すでにふれた私たちの日常の情報とのかかわり方にあります。

第1章でぼくは、「(私たちは)情報に出くわすたびにまず、それが自分にとって〝知りたいこと〟や〝聞きたいこと〟〝読みたいこと〟なのかどうかを品定めするような目で見ている」とお話ししました。

そのときは、だから受け手は「伝えられたいこと」を受け入れるんだ、と結論づけましたが、さらに踏みこんで考えると、ここに私たち人間の「情報に対する判断の姿勢」を見てとることができます。

「知りたいこと」や「聞きたいこと」「読みたいこと」を求めている——ここからわかるのは、私たちが情報を品定めする際に、「自分にとって必要性があると感じるか」というものさしを大切にしているということです。

出くわしたり、投げかけられたりした情報が、自分にとって必要なものだと感じれば、人はかかわろうとする。

でも、必要がないと感じると、かかわるのをやめてしまう。

必要性の有無によって、受け手は引きつけられたり、引きつけられなかったりするのです。

つまり、自分にとっての必要性と密接につながっている〈メッセージ〉に、受け手は魅力を感じるということ。

ただし、この必要性は、客観的な事実ではなく、あくまで受け手自身の主観にもとづくものです。

まわりから見てその人に必要かどうかではなく、受け手が自分自身で必要と感じるかどうか。もっといえば、実際に必要かどうかも関係なく、本人が「必要そう」と思えれば、それは必要性があるということです。

当然、そこには情緒的なものも含まれます。

たとえば、気分。ちょっと笑いたい気分のときに、それを満たすのに必要だからかかわる。

イメージもそうです。もっと素敵な自分になりたい。そうなるために必要だからかかわる。

要するに、受け手自身が「理想的だ」と感じる状態にたどり着くために必要なもの。〈メッセージ〉で語られるべき「魅力」とは、そういう必要性を感じるものです。

〈よさ〉と〈わけ〉で魅力は語られる。

受け手は必要性を自覚していない

とはいえ、人に対して必要性を訴えかけるのは、じつはそう簡単なことではありません。

スティーブ・ジョブズが「多くの場合、人はかたちにして見せてもらうまで、自分がなにを欲しいのか、わからないものだ」という言葉を残しているように、受け手は「本当は自分がなにを必要だと思っているのか」について、あらかじめ自覚できていないことが少なくないからです。

では、どうすれば、そんな相手に必要性を感じてもらうことができるのか。それを読み解くヒントが、テレビなどで放送されている通販番組にあります。

仮に「高性能の低反発マットレス」が商品として紹介されているとしましょう。この手の番組では、たいてい「こんなお悩みはありませんか?」などとして、商品にかかわるところで、生活者が日ごろ困っているであろう事柄を指摘するところから話がはじまります。

たとえば、「高性能の低反発マットレス」なら、まず、

・朝までぐっすり眠れない。

・目覚めがわるくて、一日のスタートを気持ちよく切れない。

といったことを俳優をつかって映像で再現したりする。

それを見て、気になった視聴者の多くは、商品に期待を寄せはじめます。そこで商品の紹介。そして、価格の提示――とはなりません。

「お悩み」の共有ができたあとは、かならずといっていいほど、その悩みのもととなっているトラブルの原因分析がおこなわれ、解決の道筋が示されます。

「高性能の低反発マットレス」であれば、

・人間の背骨はS字カーブをえがいているので、そのまま横になると肩や腰に体圧が集中して負担がかかりやすい。それが違和感となり、睡眠を妨げる。
・だから、体圧を適切に分散できるマットレスでの睡眠が望ましい。

といった解説が、専門家の見解などを引用されながらおこなわれます。

そこまで語って、ようやく商品の紹介、です。

そして、補足の情報があれこれ加えられたり、司会者と出演者とのやりとりなどがあったあとで、価格の提示、となります。

魅力は〈よさ＋わけ〉で語られる

いまは専門チャンネルもあるくらいですから、通販番組を見たことがない人はもはやいないでしょう。ここでなぞった番組の内訳も、見慣れたものといってもいいくらいかもしれません。

ただ、伝えるコミュニケーションとして見たときに、通販番組は本当によく考えられていると感心させられます。

なかでも注目したいのは、商品の「メリットや価値＝〈よさ〉」だけでなく、その商品がなぜ生活者の悩みや課題を解決できるのかという「理由や道理＝〈わけ〉」を重視しているところです。

いまの「高性能の低反発マットレス」でいえば、つくり手目線で「伝えたいこと」は、「低反発性のおかげで、体圧が分散される」という商品の機能的効果です。

でも、それは受け手（顧客）にとって「伝えられたいこと」ではありません。しょせんは「他人ごと」です。

そこのところにしっかりと配慮して、番組では「朝までぐっすり眠るためのもの」という受け手目線で再解釈した商品のメリットや価値、つまりは〈よさ〉を、悩みの指摘を通じて示唆しつつ訴えかけます。

けっしてつくり手の「伝えたいこと」を垂れ流したりはせず、抜かりなく「伝えられたいこと」へと変換して伝えていく。

商品が変わっても、このスタンスはほぼ一貫しています。おそらく長年の経験のなかでつちかわれた話法にちがいないのですが、コミュニケーションの構造に照らしても、まさに教科書どおりです。

ただ、通販番組は、商品の〈よさ〉だけを伝えようとはしません。

受け手目線で「朝までぐっすり眠るためのもの」という〈よさ〉を指摘したあとに、専門家の解説を引用するなどして、それが解決される理由や道理、つまりは〈わけ〉を明確に説明しています。

なぜでしょうか。

そうしなければ、「自分にとっての必要性」が受け手にはっきりと見えづらいからです。

商品について伝える、アピールするとなると、「この商品をつかえば、こんないいことがある」といったように、〈よさ〉を示せば、必要性がわかってもらえると思いがちです。

でも、それでは商品自体の特性は理解できても、「まさに自分のことなんだ」と引きつけて感じるところまではたどり着きにくい。〈わけ〉がわからなければ、課題の存在とそれが解決されるまでを具体的にイメージしづらく、自分にとっての必要性を感じにくいからです。

そこをわきまえたうえで通販番組では、人びとの悩みをいい当てて〈よさ〉を示唆するだけでなく、原因を分析して、悩みが解決できる〈わけ〉をきちんと語っています。

だからこそ、気持ちを引きつけられるし、納得しやすくなるのです。

〈そして、だからこそ、番組を見る前は必要だと思わなかったものを買ってしま

魅力＝〈よさ〉＋〈わけ〉

メリットや価値　　理由や道理

魅力は〈よさ〉と〈わけ〉で語られる

う……）。

ここに「魅力」のあるべき姿を読み取ることができます。

「高性能の低反発マットレスの魅力はなにか」と訊かれたら、多くの人は「朝までぐっすり眠るためのもの」のように〈よさ〉の部分を語りがちです。

しかし、〈よさ〉だけでは、必要性が見えづらく、人の気持ちを引きつけるところまではたどり着きづらい。

〈よさ〉が実現される〈わけ〉までを含めてはじめて、必要性を感じることができます。

「高性能の低反発マットレス」であれば、「背骨のカーブを意識して体圧のバランスを調整し、身体を楽な状態に保つから、朝までぐっすり眠ることができる」というところまで指摘してはじめて魅力といえる。

同じ構造は広告にも見てとれます。魅力がしっかりと表現された広告キャンペーンの多くは、〈よさ〉と〈わけ〉がきちんと意識されています。

たとえば、１９９７年にアップルが展開した「Think different.」もそうです。スローガンは「Think different.」つまりは「ものの見方を変えよう」ですが、その言葉のもとで、広告にはアインシュタインやピカソ、ガンジーといった「世界を変えた人たち」がえがかれています。要するに「世界を変えることができるコンピュータ」ではなく、「ものの見方を変えて（＝わけ）、世界を変えることができる（＝よさ）コンピュータ」。こういう語り方をするからこそ、説得力が生まれます。

こんなふうに、魅力は〈よさ＋わけ〉の組み合わせで語られるべきものなのです。そして、魅力を語るべき〈メッセージ〉もまた、〈よさ＋わけ〉で表現されることになります。

〈メッセージ〉の形式を意識する。

「奈良公園に行く」の魅力とは

題材を変えて、もう少し考えてみましょう。

〈メッセージ〉で語るべき魅力を見いだす練習課題として、ぼくはよく自身が主宰する文章講座で、受講者につぎのような〝お題〟に取り組んでもらいます。

この場合なら、どうなるでしょうか。

【問題】春の季節に奈良公園に行こうと職場の同僚のAさんを誘いたい。Aさんに訴えかける「奈良公園に行くことの魅力〈メッセージ〉」を見つけてください。

※奈良公園は、古都・奈良に存在する公園。総面積は660ヘクタール（東京ディズニーランド13個分の広さ）ともいわれ、そのなかに東大寺や春日大社、興福寺といった歴史遺産や原始林が含まれるほか、鹿などの野生動物も生息し、古くから観光地として親しまれている。

〈メッセージ〉の見つけ方については次章で詳しく説明しますが、まだ〈よさ＋わけ〉の説明をしていない段階で、こうした問題を投げかけると、いつも決まって最初に受講者から寄せられるのがつぎの答えです。

「癒しを与えてくれる」

奈良公園に行けば癒される。だから行きましょう――ということですが、事実としてはまちがいないかもしれません。奈良公園に行けば、たしかに多くの人は癒されるでしょう。

でも、事実だから、そういう価値があるから、といっても強く惹かれるわけではありません。

受け手の立場になって考えてみるとわかることですが、「癒されるから行きましょう」といわれても、「それなら行ってみよう」とは思いづらいはずです。先ほどもお話ししたように、〈わけ〉がわからなければ自分にとっての必要性が見えづらいからです。

奈良公園は「癒しを与えてくれる」場所ですが、それはあくまで〈よさ〉の話にすぎません。

これを魅力とするには、「なぜ癒されるのか」を説明できる〈わけ〉が必要です。

たとえば、東大寺や興福寺をはじめとした歴史ある施設が、いまなお公園の一角で変わらず運営されていることなどに注目して、

「奈良公園には1000年を超える歴史のゆっくりとした時間の流れがあって、あくせくした気持ちをゆるめられるから、癒される」


のようにいわれれば、魅力を感じてもらいやすくなります。

「そういえば、自分はこのところ、あくせくした気持ちでいるかもしれない。癒しが必要だ」などと、自分に引きつけてイメージでき、必要性が見え

やすくなるからです。

あくまでぼくの場合の話ですが、本の企画を立てるときにも、魅力を伝えるという意味で、やはり〈よさ〉と〈わけ〉を強く意識します。

たとえば、以前、放送作家の小山薫堂さんやインテリアデザイナーの片山正通さん、クリエイティブディレクターの嶋浩一郎さんら9人の人気クリエイターが企画術について語った本をつくったときには、考案の段階でまず〈よさ〉として思い浮かべたのは、「いまの時代に本当に必要な企画のやり方を学ぶことができる」でした。

でも、それだけだと、受け手（想定していたのは、企業の企画職の人たち）にとっては、根拠がやや曖昧で、必要性を感じづらいところがあります。

そこであわせて据えたのが、「いまの世の中を動かしているしかけ人たちが手の内を見せてくれるから」という〈わけ〉でした。つまりは、

「いまの世の中を動かしているしかけ人たちが手の内を見せてくれるから、いまの時代に本当に必要な企画のやり方を学ぶことができる」

という〈メッセージ〉です。

そして、これをもとに『しかけ人たちの企画術』というタイトルを決めて本をつくったところ、まさに社会にインパクトを与えたいと思っている企画パーソンたちから、「バイブルにしています」といってもらえるような反響を得ることができました。

こんなふうに、〈よさ〉に〈わけ〉がともなって、はじめて魅力といえるのです。

「〇〇だから、〇〇だ」で語る

〈メッセージ〉は魅力を語ったひとことであり、〈よさ＋わけ〉で表現されるもの。これを形式として表すとつぎのようになります。

〇〇だから、〇〇だ。

いうまでもなく、ひとつめの〇〇には〈わけ〉が、2つめの〇〇には〈よさ〉がそれぞれ入ります。そのままといえば、そのままですが……、基本的に〈メッセージ〉は、この形式で表現します。

そして、〈メッセージ〉を見つけだす際には、この形式を意識しつつ、「伝えたいこと」からの変換を考えていくことになります。

もちろん、これまで紹介してきた〈メッセージ〉の例も、この形式にのっとっていたはずです。同僚を誘うときの「奈良公園に行くことの魅力（＝〈メッセージ〉）」であれば、

〈よさ〉奈良公園は癒しの場所である
〈わけ〉１０００年を超える歴史のゆっくりとした時間の流れが、
　　　あくせくした気持ちをゆるめてくれるから

という〈よさ〉と〈わけ〉を、

「奈良公園には１０００年を超える歴史のゆっくりとした時間の流れがあって、あくせくした気持ちをゆるめられるから、癒される」

という〈メッセージ〉で表現しましたが、語尾の言葉づかいこそ少し異なるものの、「〇〇だから、〇〇だ」の形式をふまえています。

それにつづいて紹介した『しかけ人たちの企画術』という本の〈メッセージ〉もそうです。

「いまの世の中を動かしているしかけ人たちが手の内を見せてくれるから、いまの時代に本当に必要な企画のやり方を学ぶことができる」

としましたが、やはり「〇〇だから、〇〇だ」の形式をふまえています。

これらの例からもわかるように、〈メッセージ〉は「ひとこと」であることが重要ですが、1行でなくてもかまいません。

大切なのは、言葉の物理的な長さではなく、端的に魅力をいい当てることです。

といっても、やはり短いにこしたことはないのですが……、この形式を満たしたうえでの2〜3行（約50〜80字程度）であれば、「ひとこと」の範疇と考えます。

形式を意識して〝落とし穴〟を回避する

「○○だから、○○だ」という形式は、あまりに単純です。

それゆえ、わざわざ形式として指摘することに意味があるのかといわれそうですが、じつはここには意外とはまりがちな落とし穴があります。

通販番組のところでもふれたように、いざなにかを伝える、魅力を語るとなると、誰しもつい〈よさ〉か、〈わけ〉かのどちらかだけで、いい当てた気になってしまいがちなのです。

先ほどの『しかけ人たちの企画術』のような本にしても、企画会議などで、

「いまの世の中を動かしているしかけ人たちが手の内を見せてくれるんです……」

などと、〈わけ〉の部分だけを説明して話を終えてしまった、というようなことはよくあります。

話を聞かされたほうからすれば、「しかけ人たちが手の内を見せてくれるから……なに？」という違和感が残って腑に落ちないのですが、伝え手の側

はそれで伝わったと勝手に満足していたりします。

ジャンルは少し異なりますが、企業のミッションなどでも、似たようなことが起こりがちです。

たとえば、ぼくが顧問編集者としてかかわっている大阪大学発のロボティクススタートアップ「Ｔｈｉｎｋｅｒ」では、「ロボットの〝真の生体化〟を推し進め、協働ロボットに革新を起こす」という言葉をミッションとして掲げているのですが、この言葉の表現自体は業界関係者向けに調整したもので、裏側にはもう少しだけ普遍性のある、つぎのような〈メッセージ〉を設定しています。

「その場、その場で自分で判断する思考力をロボットにもたせることで、人との協働を可能にする」

いうまでもなく、

〈よさ〉ロボットと人の協働を可能にする（企業）

〈わけ〉その場、その場で自分で判断する思考力をロボットにもたせるから

ですが、こういう場合も、

「うちはロボットと人の協働を可能にする企業だ」

「その場で自分で判断する思考力をロボットにもたせる企業だ」

などと、つい片方だけを主張してしまったりしがちです。

でも、いずれかだけでは受け手は必要性を感じづらく、納得するのが難しくなってしまう。

実際、日常の個人の会話などでも、どことなく話に説得力がない人は、気づかないうちにこの落とし穴にはまっていることが少なくありません。

そうした「つい……」を防ぐためにも、「○○だから、○○だ」という〈メッセージ〉の形式への意識をもつことが大切なのです。

受け手がちがうのに、魅力が同じでいいはずがない。

相手が変われば、魅力も変わる

加えて、魅力を考えるうえで、ひとつ気をつけなくてはいけないことがあります。それは、魅力は「受けとる人によって異なる」ということです。

先ほど、〈メッセージ〉として紹介した「奈良公園には1000年を超える歴史のゆっくりとした時間の流れがあって、あくせくした気持ちがゆるめられるから、癒される」は、「同僚のAさんを誘う」という設定のうえでは魅力になりえるかもしれません。
でも、もし投げかける相手が、高齢の自分の父親だったり、中学生の女の子だったりすると、きっと魅力にはなりえません。受け手として必要と感じるものが異なるからです。
仮に、ぼくが高齢の自分の父親に「奈良公園に行く魅力」を投げかけるのだとしたら、つぎのような〈メッセージ〉を設定するでしょう。

「奈良公園に行けば、時間をかけて歩くことができるだけでなく、歴史や自然、動物などとの出あいもあって気持ちの面でも刺激があるから、心身ともに健康になる」

そのいっぽうで、中学生の自分の娘に向かって投げかけるとしたら、

〈メッセージ〉はつぎのようなものにします。

「奈良公園にはあちこちに子鹿がたくさんいて、鹿せんべいもあげられるし、いっしょに写真も撮れるから、動物好きにはたまらない場所だ」

「伝えたいこと」はひとつです。

でも、相手がちがえば、必要性がちがってきます。

高齢の父親であれば、心身両面の健康維持を気にかけているでしょうし、中学生の自分の娘は動物好きで、チャンスがあれば、かわいらしい動物とふれあいたいと思っている（あくまで、うちの場合です）。

受け手のなかにあるそんな必要性に応じて、〈メッセージ〉の「魅力」はおのずとちがったものになるはずです。

　こういうと小難しい話のようですが、さほど特別なことではありません。おとな相手と子ども相手では、説明の仕方を変えるという、だれもがふだんから自然にやっていることの延長上の話です。

　ただ、とくに仕事の場などで、いざなにかを伝えようと思うと、急に身構えてしまうのか、多くの人が受け手の存在をしっかりと意識しなくなり、魅力をひとつの決まったものと考えがちになります。

　そのせいで本当に相手に伝わる〈メッセージ〉を見つけることができず（「伝えたいこと」を「伝えられたいこと」にうまく変換できず）、伝わらない伝え方になってしまうことが少なくないのです。

〈メッセージ〉は編集から生まれる。

ものごとの意味や価値はひとつではない

相手が変われば、魅力が変わる――。

この背景には、ものごとの意味や価値は固定されたものではない、というとらえ方があります。

〈メッセージ〉を導きだしていくうえで必要なものの考え方ですので、少し掘り下げて説明しましょう。

たとえば、「白いコピー用紙」は、一般的には「印刷やプリントをするためのもの」と、考えられることが多いようですが、それとはちがった解釈をすることもできます。

「メモ書きのための紙」ともいえるし、「工作の材料」ともいえる。もっとほかの意味や価値でとらえることもできます。

ちまたではこれを「解釈のちがい」として、「視点」という曖昧な言葉で片づけてしまうことが多いのですが、じつはここにはきちんとした原理があります。

それを目に見えるかたちにしたのが、124〜125ページに載せた2枚の写真です。

1枚めの写真にうつっているのは、先ほどの話に出てきた「白いコピー用紙」と、「ペン」。

こうして見ると、おそらく「白いコピー用紙」は、「メモ書きのための紙」と見えてくるはずです。

では、もう1枚の写真は、どうでしょうか?

やはり「白いコピー用紙」と、今度はペンの代わりに「ハサミとのり」が置かれています。

こうなると「白いコピー用紙」は「工作の材料」に見えてくるでしょう。

うつっている「白いコピー用紙」は、1枚めの写真も2枚めの写真もまったく同じものです。場所を動かしてもいなければ、照明の当て方を変えてもいません。

でも、となりに並べて置くものを変えただけで、意味や価値がちがってしまいます。

意味や価値は共通性から引き出される

なぜ、こんなことが起こるのでしょうか。

カギは共通性にあります。

そもそも人には複数のものを見ると、「どこが同じか」という共通性を無意識にさぐる習性があるのです。

たとえば、夜の暗い通りを、50代とおぼしき男性と20代なかばくらいの女性が歩いているのを見かけたら、まず気になるのは、「どういう関係か（＝共通性）」でしょう。

そして、その共通性を手がかりにして「男性は父親だ」「いや、男性は……」と、そこに意味をあたえようとする。

あくまでざっくりといえば、の話ですが、人はものごとをこんなふうに解釈しています。

いまの「白いコピー用紙」と「ペン」にしても同じです。

1枚めの写真を見た瞬間、人はこの2つのもののあいだになんの共通性があるのかを無意識のうちに読みとろうとします。

そして「書くこと」がそれだとわかると、その共通性における意味や価値をさぐり、「白いコピー用紙」を「メモ書きのための紙」と認識する。

いっぽう、「白いコピー用紙」と「ハサミとのり」の場合は、両方のあいだに読み取る共通性は「工作」です。

そして、それを手がかりに「白いコピー用紙」のことを「工作の材料」と意味づけます。

こうした思考が無意識のレベルで瞬時に起こり、ものごとに意味や価値が与えられます。

要するに、ものごとの意味や価値は、あらかじめひとつに決まっているわけではないということです。なにかと関係づけられてはじめて解釈されるものなのです。

もちろん、「関係づけ」は、目に見えるかたちでとなりにものを並べて置いたときだけに起こるものではありません。

意識のなかでひもづけるだけでも、その関係性のなかでものごとは解釈されて、意味や価値を発現します。

たとえば、いまこうして文章を書いているぼくであれば、読んでくださっているみなさんとの関係性のなかで、「著者」という意味になっているはずです。

でも執筆の手を止めて、おそらくは自宅のリビングで本を読んでいるであろう娘に思いをはせると、ぼくは「父親」という意味になります。

さらにそこで、ずっとブランディングなどの相談に乗っているスタートアップ企業の社長からチャットで連絡が入り、やりとりをはじめると、今度は「顧問」という意味になる。

ぼく自体はずっと同じ、ひとりの人間です。

そのつどなにかを宣言するわけでもないし、役割の札を掛けかえるわけでもありません。申し合わせをするわけでもないのですが、それでも関係づけるものが変わるだけで、意味もしくは価値が変わります。

「伝えたいこと」を編集する

先ほどの「奈良公園に行く」の魅力も同じです。

投げかける相手が変わると、関係づけるものが変わる。だからこそ、魅力（意味や価値）が変わるのです。

じつはここには「編集という営み」が関係しています。

「白いコピー用紙」と、「ペン」「ハサミとのり」

「ぼく」と、「読者のみなさん」「娘」「スタートアップ企業」

それぞれで起こっているのは、「関係性のなかでのものごとの価値化」です。

ぼくはこれこそが「編集の基本原理」であると考えています。

つまり、ものごとの意味や価値は、編集によって（もしくは編集が起こることで）生みだされているのです。

ここでいう「編集」は、よくいわれるような「本や雑誌をつくること」でも、メディアの運営をすることでもなく、もっと本質的で、本来的な意味の営みです。

編集者と呼ばれる人たちが、さかんに自分たちの仕事を「編集」と呼ぶせいか、「編集は出版やメディアの仕事のこと」と思われがちなのですが、本当のところはそうではありません。

映画のエンドロールを見ても「編集」という役割の人たちがたくさん出てきますし、テレビのバラエティ番組では、すべったコメントをしてしまったお笑い芸人が、指をハサミのように動かしながら「編集でカットしてください」といったりもします。

スマートフォンのアプリのメニューをみても「編集」という言葉がならんでいます。

どれもまぎれもなく「編集」です（そして、これらはかならずしも「出版やメディアの仕事」ではありませんし、「本や雑誌をつくること」でもありません）。

これらの営みは、共通して「関係性のなかで、ものごとを価値化する」という原理を活用しています。

映像の編集および番組の編集では、撮ったカットを関係性のなかで意味づける。

画像の編集では、明るさや色調といったパラメーターの関係性のなかで画像の価値を変える。

出版やメディアの編集も、もう少し複雑で複合的ですが、基本は同じです。たとえば、メディアでのニュースの扱いにかぎっていえば、読者もしくはテーマ、コンセプトとの関係性のなかで価値を規定していきます（だから、同じ出来事を扱っても媒体によって語られ方がちがってきます）。

ものごとの意味や価値が規定されている背景には、この編集の原理があるのです。

ちなみに、ここでいう関係性（厳密には共通性）こそがコンテクストや文脈と呼ばれるものです。コンテクストが設定されるから、ものごとの意味や価値が規定される。

つまり編集とは、「コンテクストをあやつって、意味や価値をコントロールする営み」。ふだんぼくは編集家として、この編集の原理を意識的に駆使して、さまざまな課題の解決に取り組んでいます。

実際にはもっと細かなメカニズムや方法論があるのですが、本書のテーマはそこではないので、編集話はこのへんにするとして……、ここで注目したいのは、編集の基本原理の部分です。

「関係性のなかで、ものごとを価値化する」

前置きが長くなりましたが、「伝えたいこと」の「伝えられたいこと」への変換も、この編集の基本原理をもとにおこないます。

詳しい手順については次章でお話ししますが、「伝えたいこと」を関係性のなかで再解釈して「伝えられたいこと」を導きだす、ということです。

〈メッセージ〉は編集によって生まれるものなのです。

「学校の作文」は、なぜ書きづらいのか。

「誰に向けて」が決まらなければ伝えられない

関係性のなかで、ものごとは価値化される。
関係性のなかで〈メッセージ〉を決める。

では、なにかを伝えるときに、もっとも重視すべき関係性はなにか。
いうまでもなく、それは伝える相手（受け手）との関係性、です。

「伝えたいこと」は、受け手との関係性のなかで価値化して、「伝えられたいこと」へと変換する。

そう考えると、なにかを「伝える」ときに、それが「誰に向けたものなのか」をはっきりさせることが、いかに重要かがわかるのではないでしょうか。

ときどき「誰に向けて伝えるかをイメージしたほうが、文章表現が具体的になる」などといわれることがありますが、そういうレベルの話ではありません。

「誰に向けて」を意識しなければ、もっとも重視すべき関係性をふまえることができないだけに、「伝えるべきこと」を適切に決められなくなるのです。

やや極端ないい方をすると、「誰に向けて」がはっきりしないままでは、なにかを伝えるという行為自体がそもそも成り立たないとすらいえます。

ビジネスに関するところでも、サービスを打ち出すときに「その魅力を誰に伝えるか」という議論がなされることがよくありますが、いまの話からすれば、これも順序が逆といえるかもしれません。

「相手が誰だから、こういう魅力を伝えよう」という順で考えるのが本当です。

受け手が誰なのかをはっきりさせなければ、訴える魅力は決まりません。決めようがないのです。

そんな編集の原理を意識したわけではないでしょうが、広告のなかには、このあたりの事情をわきまえて、「誰に向けて」をより高度なかたちでつかいこなしているケースもあります。

その代表例ともいえるのが、ＪＲ東海の「そうだ 京都、行こう。」です。

京都の名所が王道の美しいビジュアルをともなって紹介されることで知

られる人気の広告キャンペーンですが、そこに書かれているコピー（広告文）には、じつは「誰に向けて」の面でひそかな工夫がなされています。
たとえば、このシリーズのひとつである「天龍寺編」では、つぎのようなコピーが書かれています。

お寺を建てて、美しい庭をつくろう。
600年以上も昔のプランです。
外の景色をお借りして、
完成できたことに感謝する。
そんな気持がここにはあります。
景色を借りると書いて「借景」。
いい言葉じゃないですか。

担当したコピーライターの太田恵美さんによれば、このシリーズのこうしたコピーは、「東京から京都を訪れたひとりの旅人が、東京にいる高校生の姪に書いた手紙」をイメージしながら書かれている、とのこと。

1993年からつづくこの広告シリーズがブレることなく、京都という街の正統的な魅力を素朴かつやさしい目線で訴えかけることができているのは、創作上の設定とはいえ、やはり「誰に向けて」が明確に意識されているからでしょう。

「誰に向けて」がはっきりするから、「伝えるべきこと」が決まるのです。

学校の作文が書けなかったのはなぜか

とはいえ、「誰に向けて」をしっかりと意識してなにかを伝えようとしている人は、意外と多くはありません。

文章の相談に乗るときに、ぼくが書き手にかならず「伝えるべきことをひとことでいうと、なんですか？」という質問を投げかける、とお話ししましたが、そこで相手が口ごもったときには、たいてい「どんな人に向けて伝えようとされていますか？」と訊くことにしています。

でも、その問いかけにスムーズに返答できる人も、じつはそう多くありません。

「ひとことでの自覚」同様、「誰に向けて」も、さほど重視されてはいないのです。

あくまで仮説レベルの話ですが、こと文章に関して、こういう書き方、取り組み方が当たり前になっている背景には、じつは学校の作文の影響があるのではないかとぼくは考えています。

というのも、学校で作文を書くときに「受け手は誰か」を設定する、つまりは「誰に向けて文章を書くのか」をはっきり決めることはほとんどないからです。

誰に向けてでもなく、受け手がはっきりしない状態のままで、とにかく思うことを書くようにと、うながされます（ほとんどの場合、書いたものを読むのは教師ですが、あくまで指導者としての読み手であって、文章の〝宛先〟ではありません）。

仮に、行ったばかりの遠足の思い出を書くのだとしても、本当なら仲のいい友だちに向けて書くのと、父親に向けて書くのと、幼い弟や妹に向けて書くのとでは内容がちがってくるはずです。

でも、その〝宛先〟を曖昧なままにすると、当然のことながら、書くべきことがはっきりしなくなります。

小学生のころ、学校の授業で作文を書くときに、「ぼくは……」「わたしは……」と書きだしたものの、そこから先に進まない、書けなくなってしまったという経験がある人は少なくないはずですが、そのいちばんの理由は「誰に向けて」を設定しなかった（設定しない書き方を求められた）ことにあるのではないでしょうか。

実際に、ぼくは知人から子どもの作文へのアドバイスを求められたときには、この仮説を念頭に置きつつ、「おじいさんやおばあさんに読んでもらうと思って書いてみる」「お父さんに向けて書いてみる」ことをすすめていますが、少なくともこれまでそれを実践した結果を聞いたかぎりでは、かなりの効果があるようです。

（ちなみに、〝宛先〟を「おじいさんやおばあさん」「お父さん」としているのは、子どもの日常を知りすぎていない関係性であることが多いからです。ふだんからいっしょに過ごしている時間が長い相手だと、あらかじめ共有できている情報が多くなります。そうすると、どうしても書く文章がハイコンテクストになりがち（暗黙の了解を前提にしがち）で、とくに子どもの場合は、いわゆる〝きちんとした文章〟にならない可能性が高まります）。

こういういい方をすると「こうすれば筆が進む」という書き方のテクニックの話のようですが、そもそも「誰に向けて」を設定しない書き方は実際的ではない、といいたいのです。

日常を振り返ってみるとわかることですが、ふだんの生活のなかで、受け手がはっきりしない、学校の作文のような文章が求められることはまずありません。

仕事で書く報告書や企画書には、上司やクライアントといった受け手がいますし、イベントの告知などで書く文章にも訴えかけるべき相手がかならずいます。

ほとんどの場合、文章は「伝える」ために書かれるのですから、「受け手がいる」のは当たり前のはずなのですが、知らず知らずのうちに、そこが軽視されてしまっているのです。

「なにをいうか」「どういうか」以上に「なぜいうか」が大切。

伝えるコミュニケーションのテーマは「解決」

ここまで、第1章でお話しした〈メッセージ〉の定義「伝え手の〝伝えたいこと〟を、受け手を引きつける〝魅力〟へと変換し、ひとことでいいあらわす」を受けて、〈メッセージ〉が語るべき魅力について説明してきました。

編集の原理も含めて、背景にあるものの考え方をまじえつつの考察でしたが、なかでも大切なポイントをあらためて書きだすと、つぎのようになります。

・〈メッセージ〉が語るべき魅力とは、受け手の必要性に訴えかけるものである。

・魅力は〈よさ＋わけ〉で語られるべきものである。

・「伝えたいこと」はひとつでも、〈メッセージ〉は受け手によって異なる。受け手をきちんと想定しなければ、伝えるコミュニケーションはそもそも成り立たない。

ここから「伝え方」について見えてくることが2つあります。

ひとつは伝えるコミュニケーションは「解決」がテーマになっているということです。

すでにお話したように、伝えるコミュニケーションで「伝えるべきこと」、すなわち〈メッセージ〉は、受け手への魅力の提示であり、〈よさ＋わけ〉で語られるべきものです。

そして、ここでいう〈よさ〉は、多くの場合、受け手が享受すべき「より好ましい状態」を表し、〈わけ〉は、それが実現される道理を示します。

裏を返せばこれは、受け手が感じているなんらかの不都合や好ましくない状態を脱するための道筋の提示――要するに伝えるコミュニケーションとは「解決」の提案なのです。

そして、もうひとつは、伝えるコミュニケーションが「伝わる」ものになるための最大のカギは、「なぜ（why）」にあるということ。

プロの世界でもそうですが、伝えるコミュニケーションにおいて大切なのは、「なにをいうか（what）」と「どういうか（how）」だ、とよくいわれます。

しかし、「必要性」のところでもお話ししたように、受け手は自分ごとであるはずの〈よさ〉を見せられても、すぐに「自分に必要だ」と気づけるわけではありません。

それが自分が抱えている悩みや課題の解決につながるという〈わけ〉、つまりは「なぜ（why）」がわかってはじめて、示されている〈よさ〉に納得してくれます。

一方的に「伝える」だけなら、「なにをいうか（what）」と「どういうか（how）」だけでも成り立つでしょう。

でも、ちゃんと受け手に納得してもらい、共感してもらいたいのであれば、「なにをいうか（what）」と「どういうか（how）」に加えて、「なぜいうのか（why）」を意識する必要があります。

「伝える」を「伝わる」にするカギは、「なぜ（why）」にあるのです。

こうしたポイントをふまえて、次章では〈メッセージ〉の見つけ方について詳しく説明します。

第3章 「伝え方」の軸をつくる

――5つの要素で〈メッセージ〉を見つける。

「要素メモ」と「思考の型」で〈メッセージ〉を見つける。

〈メッセージ〉を取りまく「5つの要素」

伝えるコミュニケーションを「伝わる」ものにするために不可欠なのは、あらかじめ〈メッセージ〉を定めておくこと。

そして、それは「伝えたいこと」を、受け手を引きつける「魅力〈よさ＋わけ〉」へと変換し、ひとことでいいあらわしたもの――。

少々乱暴ではありますが、第1章と第2章でお話ししたことを、ごく簡単にまとめるとこのようになります。

本章ではこれを受けて、具体的な〈メッセージ〉の見つけ方について解説していきます。

実際の手順の話に入る前に、まずは考える材料もしくは目安となる5つの要素について整理しておきましょう。

これまで見てきたように、〈メッセージ〉は基本的に〈よさ〉と〈わけ〉によって表現されるものですが、いずれも単独で存在するわけではありません。さまざまな要素と影響しあいながら存在しています。

その「要素」には、どんなものがあるのか。

それは、〈伝えたいこと〉〈伝える相手〉〈困りごと〉〈よさ〉〈わけ〉の5つです。

それぞれの要素の取り扱いの要点や注意点などについては後述するとして、ここでは概要だけを確認しておきます。

〈伝えたいこと〉　伝え手が伝えたいと思っていることやもの
〈伝える相手〉　伝え手が〈伝えたいこと〉を伝えたい相手
〈困りごと〉　〈わけ〉で解決される課題や悩みなど
〈よさ〉　〈伝えたいこと〉を〈伝える相手〉の目線で解釈した意味や効果、メリットなど
〈わけ〉　〈よさ〉が提供される道筋や道理

前章の最後に、伝えるコミュニケーションは解決をテーマとしているとお話ししましたが、〈メッセージ〉はそのなかで「提案」の役割をになってい

ます。

伝え手は、自分の〈伝えたいこと〉を用いて、受け手＝〈伝える相手〉が抱えている課題や悩み＝〈困りごと〉の解決をうながす。

その道理＝〈わけ〉と、得られる意味や効果、メリットなど＝〈よさ〉を提示しているのが〈メッセージ〉、という位置づけです。

逆にいえば、〈伝えたいこと〉を〈伝える相手〉がいて、さらに〈困りごと〉がなければ、〈よさ〉も〈わけ〉も存在しえないということ。

つまり、〈メッセージ〉を見つけるとは、〈伝えたいこと〉〈伝える相手〉〈困りごと〉の3つの要素を意識しつつ、〈よさ〉と〈わけ〉をさぐっていくこと、です。

「要素メモ」と「思考の型」で導きだす

では、具体的に、どんなふうに〈メッセージ〉を見つけるのか。大きな流れとしてはつぎの2つです。

①〈メッセージ〉の「要素メモ」を作成する
②「思考の型」に沿って〈メッセージ〉を導きだす

詳細は順に説明しますが、①の「要素メモ」については、次ページのような5つのマスを並べたものを、②の「思考の型」には、158ページに示した4つのプロセスを用います。

伝えたいこと	よさ	伝える相手
	わけ	困りごと

〈メッセージ〉の「要素メモ」

【思考の型】

1．〈伝える相手〉が、日常でもっている〈困りごと〉を、本人の目線で生活をイメージしながらさがす。

2．〈困りごと〉を見つけたら、それが〈伝えたいこと〉によって解決されないかと考えてみる。

3．もし解決されそうであれば、解決されてどうなるのかという結果＝〈よさ〉をつきつめる。

4．なぜそうなるのかという〈わけ〉を考える。

「要素メモ」でベースの情報や全体像を把握し、それをもとに「思考の型」に沿って考えを深めたり、展開させたりしていくという進め方が基本です。

最初に断っておきますが、この2つの作業は、それぞれのしかるべき場所に情報を入れこんでいけば答えが出るという、フレームワーク作業のようなものではありません。

とくに「思考の型」は、あくまで考える方針や順序を示したもので、望ましい結果にたどり着くために、何度もくり返すことを前提にしています。

スポーツをするときにフォームを意識すると力を発揮しやすくなるのと同じで、思考力もまた適切なフォームにのっとると発揮されやすくなります。この「要素メモ」と「思考の型」は、その役割を果たすものです。

コミュニケーションは、可視化すれば、とらえやすくなる。

伝える構図を5つのマスであらわす

では、いよいよ〈メッセージ〉の見つけ方の説明に入ります。

最初に取り組むのは「要素メモ」づくりです。

このメモは情報を書きこんで埋めることでなにかを導きだすツールではなく、思考を方向づけるための手がかりとして用います。

必要なのは5つのマスです。それを上段に横並びで3マス、下段にはやはり横並びの2マスを右寄せで配置します。

市販のプロダクトにはこのようなプリントがなされたものはありませんから、自分で描くしかないのですが……、たとえばA4サイズのコピー用紙やノートなどに、ひとつのマス内に20字程度を書きこむことができるくらいの大きさで線を引いて5つの枠をつくります。

書きこむ文字の大きさにもよるでしょうが、正方形の一辺は3〜4センチ程度が理想的です。あまり紙面に大きく広がらず、5つのマスをひとつのかたまりとしてとらえることができるスケールにしておきます。

そうやって5つのマスが用意できたら、それぞれのマスの左上の隅に「要素の種別」を書きこんでいきます。

上段のいちばん左のマスが〈伝えたいこと〉。真んなかが〈よさ〉。上段のいちばん右のマスが〈伝える相手〉。

そして、下段の左側のマスには〈わけ〉、右側のマスには〈困りごと〉と書きこむ。

並びを見ていただくとわかるように、この5つのマスには伝え手と受け手のあいだに起こる伝えるコミュニケーションの構図が、最低限必要な要素だけで表現されています。

〈伝えたいこと〉が、変換された〈よさ〉として〈伝える相手〉に投げかけられ、それを〈わけ〉が下支えする。そして、その〈わけ〉は、じつは〈伝える相手〉の課題や悩みといった〈困りごと〉を解決している。

〈メッセージ〉は、いうまでもなく真んなかにある〈よさ〉と〈わけ〉ですが、5つのマスの構図を見れば、それが伝え手と受け手の両方の事情や気持ちなどをくみ取ったものであることがわかります。

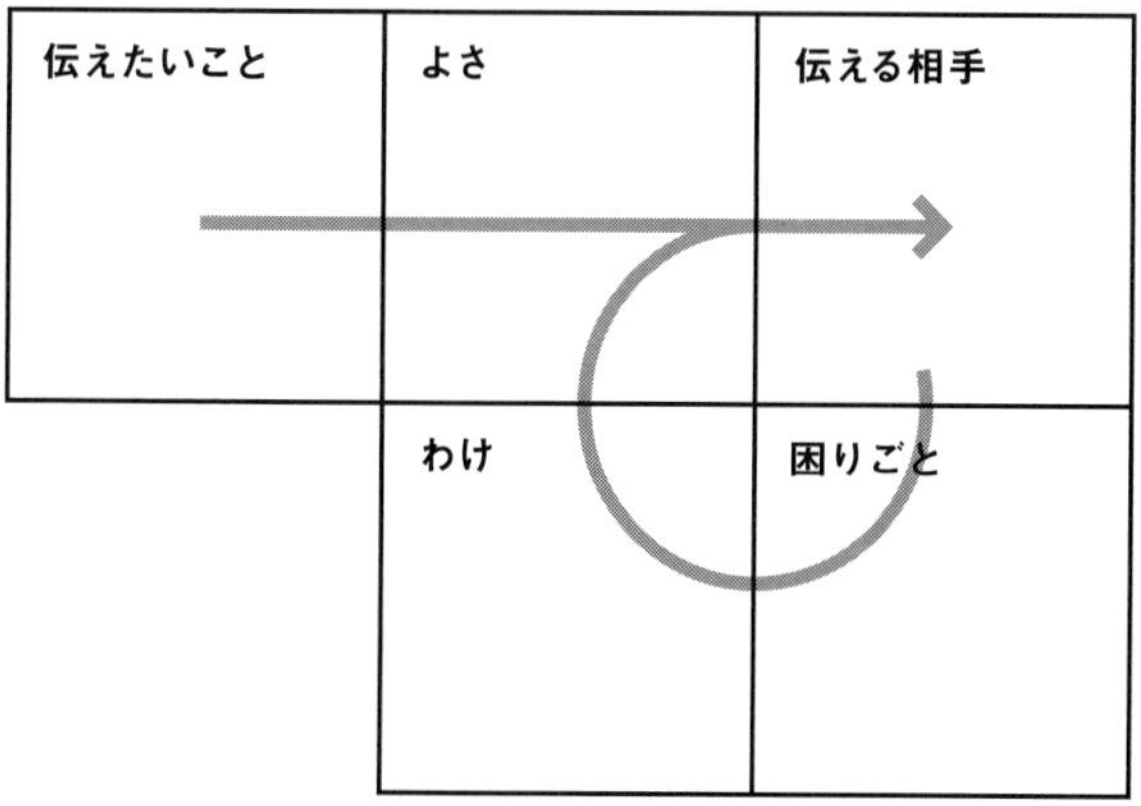

5つの要素とコミュニケーションの関係

考えるべきは「空白のマス」

つづいて、具体的な情報の記入に移ります。といっても、最初に書きこむことができるのは〈伝えたいこと〉と〈伝える相手〉だけです。

〈伝えたいこと〉はなにか。
それを〈伝える相手〉は誰か。

それぞれ、数文字から多くとも20字程度で書きこみます。
このメモは「思考の型」のベースとなるもので、考えながら参照するものですから、そのつど、内容を注意深く読み取らなくてはならないような多量の書きこみは望ましくありません。

さて、〈伝えたいこと〉と〈伝える相手〉の2つのマスに具体的な情報を書きこんだら、下ごしらえは終わりです。そこまでの作業を終えたら、少し視線を離して、いちどメモを俯瞰してみましょう。

5つのマスの上で、自分の〈伝えたいこと〉が、〈伝える相手〉と対峙しているのが感じられるはずです。

でも、このままでは、左端のマスから、右端のマスには届かない。2つのマスを「つなぐもの」があいだに必要……。

それが真んなかの空白の部分の〈よさ〉です。

そして、それを裏づける〈わけ〉も必要ですが、この2つのマスを埋めるには、解決すべき〈困りごと〉を先に埋めなくてはいけない……。

こうして構図のなかで要素を確認し、マスの空白を追っていくと、考える道筋のようなもの、順序のようなものがあることがわかってきます。

これは〈メッセージ〉の考案にかぎった話ではないのですが、なにかを考えるときにまず大切なのは状況を整理することです。

クリエイターのなかには、「ワンオペレーション、ワンコンセプト」といって、考える対象がひとつに絞られていることを重視する人もいます。人間は同時にいくつものことを考えることはできませんし、とくに複雑な要素がからみ合った状態のまま、高い思考力や想像力を発揮することが得意ではありません。

自分がやろうとしている伝えるコミュニケーションは、いったいどんなものなのか。「なにをつかって」「なにを考えよう（解こう）」としているのか。そのことを、考えはじめる前に、整理しておく必要があります。

冒頭で、「（このメモは）思考を方向づけるための手がかり」とお話ししたのは、まさにそういう意味です。

要するに、「要素メモ」は、なにかを伝えようとしている自分自身の現在位置と、これから向かう先を確認する地図のようなもの。コミュニケーションというと、つい伝える内容ばかりに意識が向きがちですが、可視化して全貌をとらえることも大切です。

実際に情報を書きこむのは2マスだけですが、それらとほかのマスとの関係性を視覚的にとらえることで、頭のつかい方が明確になり、その先の思考を進めやすくなります。

答えを出すために、くり返すために、「思考の型」をつかう。

〈伝えたいこと〉を関係性のなかで価値化する

「要素メモ」の5つのマスに種別を明記し、そのうちの2つのマスに情報を書きこんだら、具体的に〈メッセージ〉について考えていきます。

目標は、いうまでもなく、空白になっている〈よさ〉と〈わけ〉の2つのマスに入る事柄を見つけること。

それを〈伝えたいこと〉と〈伝える相手〉という2つの要素から導きだし

ていきます。

ここでベースとなるのは、第2章でお話しした編集の原理です。関係性のなかで、ものごとを価値化する——これを〈伝えたいこと〉にあてはめていきます。

〈伝えたいこと〉を〈伝える相手〉との関係性のなかでとらえ、そのなかで〈よさ〉を見つけ、〈わけ〉を見いだすことで、最終的に〈メッセージ〉を導きだすのです。

実際にどのように考えを進めていくのか。第2章でも例として用いた「奈良公園へのお誘い」を題材に考えてみましょう。

【問題】春の季節に奈良公園に行こうと職場の同僚のAさんを誘いたい。そこで訴えかける〈メッセージ〉を見つけてください。

まずは状況を整理して「メッセージの要素メモ」に必要なことを書きこみます。

〈伝えたいこと〉のマスには「奈良公園に行く」。

〈伝える相手〉のマスには「同僚のAさん」と書く。

そして、この要素をもとに、編集の原理のなかで解釈していきます。

つまりは「奈良公園に行く」を「同僚のAさん」との関係性のなかでとらえていく（実際に考えるときには「同僚のAさん」にあたる人を具体的に決めてください）。

その際、共通性の発見がカギをにぎるということは、第2章で説明しました。ここでいえば「奈良公園に行く」と「同僚のAさん」とのあいだに共通性を見いだすということですが……、少しやってみるとわかることですが、このままではなかなか難しい。

共通性の発見がそもそも難しいものだということもありますが、それ以前に、人間（Aさん）という存在があまりに複合的で、とらえづらいのです。

そこで、Aさんという人間を「こと」に分解してとらえるようにします。

ここでいう「こと」とは、日常の出来事や心情など、その人にまつわる現象や行為のこと。「Aさん」という人間を、漠然とした一個の存在としてとらえるのではなく、そのまわりにある「こと」にフォーカスして、とらえやすくする。

そのうえで、「（Aさんにまつわる）こと」との関係性のなかで「奈良公園に行く」を解釈していきます。

とくに伝えるコミュニケーションは解決がテーマです。そのことを考えれば、〈伝えたいこと〉に関係づける相方としてふさわしいのは、Aさんのまわりにある「こと」のうちの「悩み」や「課題」です（これが「要素メモ」の〈困りごと〉です）。

つまりは「奈良公園に行く」という〈伝えたいこと〉を、「Aさんがもっている悩みや課題」という〈困りごと〉との関係性のなかで解釈して〈よさ〉を見いだす。

そして、それが実現される〈わけ〉をさぐる。

かなり複雑な話になってきましたが……、理屈のうえでの思考のイメージは、次ページの図のようになります。

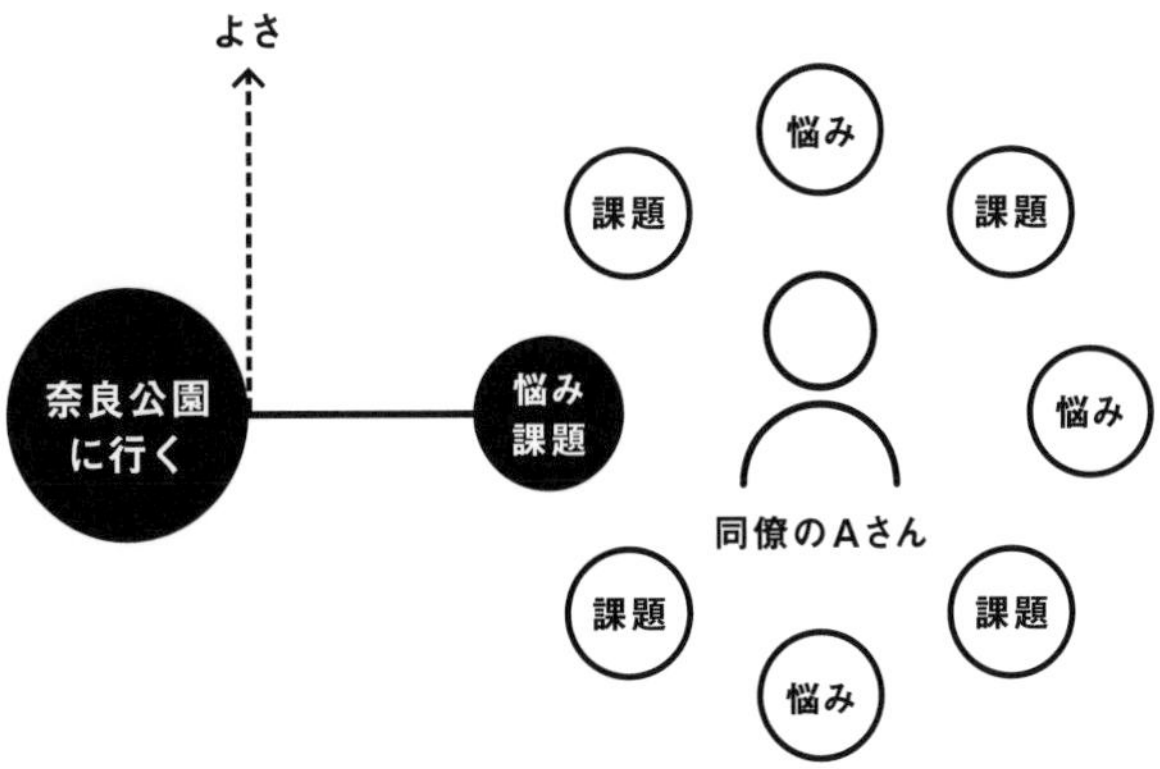

「悩みや課題」を意識した編集思考のイメージ

〈メッセージ〉を見つけるための「思考の型」

しかし、現実的な話をすると、この理屈どおりに手順をふんで、〈よさ〉と〈わけ〉を見いだしていこうとすると、なんだかややこしいし、手間も時間もかかりすぎてしまいます。

それに、そもそもAさんの悩みや課題はひとつや2つではありません。小さなものも含めればほぼ無数にあるはずです。

それをいちいち、「えーっと、Aさんにはこんな悩みがあるから、それと〝奈良公園へ行く〟との共通性をさがして……。その共通性をもとに〈よさ〉を読み解くと……」などとやっていては、らちが明かないし、なにより頭が混乱します。

そこで、編集の原理をきちんとふまえつつも、できるだけ自然なかたちで同じ頭の働きができるように考え方を手順化したのが、本章の最初に紹介した「思考の型」です。

思考法というほど立派なものではないし、思考術というほどテクニカルでもなく、どちらかといえば目線の設定に近いものですが、〈メッセージ〉を見つけるときには、この4つのプロセスを意識しながら考えていきます。

1. 〈伝える相手〉が、日常でもっている〈困りごと〉を、本人の目線で生活をイメージしながらさがす。
2. 〈困りごと〉を見つけたら、それが〈伝えたいこと〉によって解決されないかと考えてみる。
3. もし解決されそうであれば、解決されてどうなるのかという結果=〈よさ〉をつきつめる。

4．なぜそうなるのかという〈わけ〉を考える。

先ほどの「奈良公園に同僚のAさんを誘う」でいえば、「要素メモ」の、

〈伝えたいこと〉　奈良公園に行く
〈伝える相手〉　同僚のAさん

という書きこみをもとに、つぎのように考えていきます。

1．「同僚のAさん」は、いま日常でどんな悩みをもっているだろうかと、Aさんの生活を〝本人の目線〟でイメージしながら悩みや課題をさがす。

2．悩みや課題を見つけたら、それが「奈良公園に行く」ことによって解決されないかと考えてみる。

3．もし解決されそうであれば、解決されてどうなるのかという結果＝〈よさ〉をつきつめる。

4．そして、なぜそうなるのかという〈わけ〉を考える。

大切なのはねばり強く考えること

ぼくが主宰する講座のなかで受講者から出てきた答えをサンプルにしつつ、この思考のプロセスをさらに具体的に追ってみましょう。

まずは「同僚のAさん」の日常を、本人になったつもりで思い浮かべるところから思考がはじまります。

そのなかで、たとえば、「最近、会社のいろんなしがらみのなかで、気持ちを抑えこみがちだ」という悩みもしくは課題がありそうだ、ということに気づく(1)。

そうしたらつぎに、その「気持ちを抑えこみがち」が「奈良公園に行く」ことによって解決されないかと考えてみる(2)。

このときにイメージするのは、「気持ちを抑えこみがちなAさん」が、実際に奈良公園を訪れている様子です。

奈良公園には緑もあれば、東大寺や興福寺のような歴史的な建造物もあります。鹿もいる。海外や日本全国からの観光客もたくさんいます。修学旅行生もいる。みやげもの屋もたくさんある。

それらを見たり、それらに触れたりしたAさんは、なにを感じ、なにを思うのか。

「気持ちを抑えこみがち」は解消されるのか……。

その場に居合わせているつもりになって、実際のシーンを思い浮かべながら考えていきます。

そこで、「ああ、散策しているときに鹿に出くわしたり、懐かしいみやげものを見かけたりしたら、〝気持ちを抑えこみがち〟が解消されるかもしれない」と思えたら、今度は「解消されてAさんはどうなるのか」と〈よさ〉を考えてみる（3）。

そして、それが「気持ちを解放できる」ということなのだなとつかめたら、最後は、なぜ「気持ちが解放されるのか」と〈わけ〉をつきつめていきます（4）。

そこで、子どものころに見たであろう懐かしいみやげものを見つけたり、鹿と遭遇したりして「無邪気になれる」という理由にたどり着くことができたら、ミッションは完了、です。

いまの思考のなかで見いだしたものを「要素メモ」にあてはめてみると、つぎのようになります。

〈伝えたいこと〉　奈良公園に行く
〈伝える相手〉　同僚のAさん
〈困りごと〉　気持ちを抑えこみがち
〈よさ〉　気持ちを解放できる
〈わけ〉　懐かしいものや鹿などとの出あいがあって、無邪気になれるからここから〈メッセージ〉を導きだすと、このようになります。

「奈良公園に行けば、懐かしいものや鹿などとの出あいがあって、無邪気になれるから、気持ちを解放できる」

説明の便宜上、型にそって思考を進めていけば、すぐに答えが出てくるかのようにお話ししましたが、いつもスムーズにことが運ぶわけではありません。

そもそも1のプロセスでなかなか〈困りごと〉が見つからないということもありますし、〈困りごと〉を見つけたのはいいものの、そこから〈よさ〉にたどり着けないということもあります。

むしろ、それぞれのプロセスで、スムーズに答えが見つかることのほうが少ないといってもいいくらいかもしれません。

大切なのは、それでもあきらめずに試行錯誤することです。すぐに先に進めなくてもねばり強く考え、行きづまったら、最初からやりなおす。

そうした思考のくり返しのなかで、答えにたどり着くことができます。

ただ、1から4までのプロセスは、文字にして説明すると手間のかかる作業のようですが、慣れてしまえば、ほぼ瞬時にたどることができます。

この「思考の型」は、答えを出すためのものでもありますが、くり返すためのフォームでもあるのです。

そして、念のためにつけ加えると、先ほど並べた〈困りごと〉も〈よさ〉も〈わけ〉も、〈メッセージ〉も、唯一の正解というわけではなく、あくまで無数にある解釈のなかのひとつにすぎません。

実際、「Aさん」を奈良公園に誘う〈メッセージ〉には、ほかにも魅力的なものがいくつもあるはずです。

考える人がちがえば、見つける〈困りごと〉も、〈よさ〉も、〈わけ〉もちがったものになります。〈メッセージ〉は人それぞれだし、それでまったく問題はありません。

〈メッセージ〉は、その伝え手なりの解決の提案であって、唯一の正解の提示ではないのです。

既知にも、未知にも、人は惹かれない。

注目すべきは既知と未知のあいだ

ただ、その人なりの解決の提案でいいとはいえ、それが相手にしっかりと届くものである必要はあります。せっかく伝えるからには相手にしっかりと納得してもらいたいし、あわよくば共感してもらいたい。

そのためにも、導きだした〈メッセージ〉の質をきちんと吟味する必要があります。

いわゆる「目利き」です。

具体的な目利きの方法の話に入る前に、意見や主張に対する人の受けとめ方について、ひとつ大切な話をします。

それは、「人は、既知にも、未知にも惹かれない」ということ。

たとえば、いまぼくがみなさんにビールについて、持論をお話しするとしましょう。

つぎのようなことをいうと、どう感じるでしょうか。

「ビールって、酔うんですよね」

ほとんどの人は「当たり前のことだ」と思いながら、そのまま聞き流してしまうにちがいありません。

では、つぎのように話すと、どうでしょうか。

「ビールの成分のひとつ〝トレオニン〟を発見したのはウィリアム・カミング・ローズなんです」

おそらく、多くの人が「はぁ?」「なにそれ?」という、いぶかしげな表情を浮かべることでしょう。そして、やはり聞き流してしまう。

いずれの主張にも、ほとんどの人は惹かれません。

なぜか。

「既知」と「未知」だからです(厳密には「既知すぎる」と「未知すぎる」)。

最初の「酔う」は「既知」の事実です。ビールを飲めば酔うなんて、誰もが知っています。

そんな当たり前のことを聞かされても、いまさら興味はわきませんし、惹かれもしない。

いっぽう、2つめの「トレオニンを発見したのはウィリアム・カミング・ローズ」は、その逆です。

「未知」です。みんなが知らないこと。

まったく知らないことを、なんの脈絡もないままいきなり聞かされても、やはり人は興味をもちづらいし、惹かれにくい。

既知にも、未知にも、人は惹かれにくいのです。

では、どういうものであれば、惹かれるのでしょうか。

ポイントは、既知と未知のあいだにあります。

既知でもないが、未知でもないもの。

知っているけれど、その意味や価値にまだ気づけていないもの。

ぼくはこれを伏在する知という意味で「伏知」と呼んでいます。

いまのビールでいえば、つぎのようなことです。

「ビールを飲むと、脳の血のめぐりがよくなって、アイディアが出やすくなるんですよ」

こういわれると、思わず「ああ、たしかに」「そうかも」などといいたくなる人も出てくるでしょう（もちろん、なかにはこれが「既知」になっている人もいるかもしれませんが）。

いわば、小さな発見をともなう意見や主張ですが、そういう「伏知」を指摘されたときに人は惹かれやすくなります。

その〈メッセージ〉に「そうかも!」があるか

「既知」「伏知」「未知」。

それぞれにあてはまる意見や主張を聞いたときの反応を整理すると、つぎのようになります。

既知　「当たり前でしょう」
伏知　「そうかも!」
未知　「なにそれ?」

前置きがずいぶん長くなりましたが、〈メッセージ〉の目利きの手がかりはここにあります。

「思考の型」を経て導きだされた〈メッセージ〉を、伝える相手の目線で見たときに「そうかも！」といえそうなものになっているかどうか。そういう目で吟味してみる。

〈メッセージ〉は〈よさ＋わけ〉で表現されるとお話ししましたが、まずこのフィルターにかけるべきは〈よさ〉のほうです。〈よさ〉に「そうかも！」といえるような小さな発見があるか。

もしそこで満たすものでなかったとしたら、〈わけ〉はどうか。「そうかも！」といえるような小さな発見がそこにあるか。

そうやって目利きをしていきます。

先ほどの「奈良公園に同僚のAさんを誘う」ための〈メッセージ〉でいえば、

「奈良公園に行けば、懐かしいものや鹿などとの出あいがあって、
無邪気になれるから、気持ちを解放できる」

のうち、「〈奈良公園に行けば〉気持ちを解放できる」という〈よさ〉の部分は「当たり前でしょう」の「既知」にあてはまるものかもしれません。

でも、懐かしいものや鹿などとの出あいがあって「〈奈良公園に行けば〉無邪気になれる」には、「そうかも!」といえる小さな発見がありそうです。

このように〈よさ〉か〈わけ〉のいずれかが「そうかも!」といえそうであれば、その〈メッセージ〉は伝える相手にとって納得できるものである可能性が高いといえます。

〈わけ〉は、じつはたくさんある。

「ダメならいさぎよく捨てる」が大前提

導きだした〈メッセージ〉を吟味したものの、それが「そうかも！」といえそうなものでなかったら、どうするのか。

いさぎよくその案は捨てて、また「思考の型」の1に戻るのが基本です。そうして、文字どおりイチから考えなおす。

ただし、〈よさ〉か〈わけ〉のいずれかが「そうかも！」といえればいいということを考えると、〈よさ〉の部分が十分でなくとも、〈わけ〉を別のものに置きかえることで〈メッセージ〉を再生できる可能性もあります。

その試行錯誤のなかで〈メッセージ〉を定めた実例をひとつ、紹介しましょう。

ある大企業の地域向けプロジェクト（徳島県で実施）の公式ｎｏｔｅ立ち上げを監督したときのことです。発信する記事の打ち合わせで、執筆を担当することになったその企業の女性社員から、「（異動を志願して、東京から徳島に移住した自身の経験と実感をもとに）徳島で暮らすことのすばらしさを訴えたい」という相談を受けました。

いうまでもなく、「徳島で暮らすことのすばらしさ」は〈伝えたいこと〉です。ここから〈伝える相手〉（このときは投げかける相手（想定読者）を「地域に興味があるものの、まだその真価に気づけていないビジネスパーソン」と設定していました）の目線に変換する必要があります。

そこで〈メッセージ〉をさぐるべく、あれこれ話しあうなかで想像したのが、「（都市部では）みんなのために働くという気持ちがわきづらい」という伝える相手の〈困りごと〉でした。

これに対して彼女が感じている「徳島で暮らすことのすばらしさ」のなかには、〈困りごと〉を解消し、「ごく自然にまわりの人のために、社会のために働こうと思える」という〈よさ〉があることがわかった。

この時点で〈困りごと〉と〈よさ〉が出そろったわけですが、〈よさ〉は正しいことをいっているものの、「そうかも！」といえるものではありません。〈メッセージ〉が伝わるものになるかどうかは〈わけ〉にかかっています。

しかし、十分といえる〈わけ〉は、なかなか見つかりませんでした。

それでもあきらめずにくり返し考えつづけていくなかで、ようやくたどり着いたのが、「自分もその地域にいる人たちの仲間だと感じるから」という〈わけ〉でした。

都市部では、その土地の仲間のひとりだという意識をもつのは難しい。でも、地域社会に住んでいると、店などを訪れても同じ街の人として扱われることが多く、そこで「自分も仲間なんだ」と実感できる。だから、仲間のひとりとして、その街、その社会のために働こうと思いやすい……。

こう考えると、〈伝える相手〉に「そうかも！」といってもらえそうな小さな発見があります。

こうした経緯を経て、そのとき定めたのが、つぎの〈メッセージ〉でした。

「徳島に住むと、自分もその地域の人たちの仲間だと感じるから、ごく自然にまわりの人のために、社会のために働こうと思える」

そして、この〈メッセージ〉をもとに彼女に記事を執筆してもらい、最終的に『東京から徳島に異動して気づいた〝働くことの意味〟』というタイトルをつけて公開したところ、200を超えるスキをつけてもらうことができました。

(ちなみに、このnoteでは、同じように「メッセージ会議」をおこなう進め方で、ぼくは立ち上げから約半年間で9本の記事を監督しました。獲得した記事あたりのスキの数は、最高が366で、平均173(2023年4月時点)。プロのライターが入ったりせず、一般の会社員が自分で書いた記事としては異例ともいえる高評価でした。これほどの評価を獲得できたのは、みなさんが熱心に努力されたことに加えて、〈メッセージ〉をていねいに定めたことが大きかったのではないかと考えています)。

あることが起こる理由なんて、ひとつに決まっていると思うかもしれません。でも、実際には理由はいくつもあります。

とくにここでいう理由＝〈わけ〉は、いわば解決の仕方のことです。解決策と呼ばれるものにかならず選択肢が存在するように、〈メッセージ〉の〈わけ〉も置きかえることができます。〈わけ〉を工夫することで、伝わりづらいものを伝わるようにすることもできるのです。

「思考の型」を手がかりに想像しつづける

さて、「思考の型」は4つのプロセスを経て考えていくとお話ししましたが、いま見てきたように、導きだした〈メッセージ〉は、最終的に目利きを経てようやく定められます。

その点をふまえて、あらためて「思考の型」をまとめるとつぎのようになります。

1.〈伝える相手〉が、日常でもっている〈困りごと〉を、本人の目線で生活をイメージしながらさがす。
2.〈困りごと〉を見つけたら、それが〈伝えたいこと〉によって解決されないかと考えてみる。
3.もし解決されそうであれば、解決されてどうなるのかという結果＝〈よさ〉をつきつめる。
4.なぜそうなるのかという〈わけ〉を考える。
5.導きだした〈メッセージ〉が「そうかも！」といえるものかどうかを吟味する。

1. 〈伝える相手〉が、日常でもっている〈困りごと〉を、本人の目線で生活をイメージしながらさがす。

↓

2. 〈困りごと〉を見つけたら、それが〈伝えたいこと〉によって解決されないかと考えてみる。

↓

3. もし解決されそうであれば、解決されてどうなるのかという結果＝〈よさ〉をつきつめる。

↓

4. なぜそうなるのかという〈わけ〉を考える。

↓

5. 導きだした〈メッセージ〉が「そうかも！」といえるものかどうかを吟味する。

「思考の型」をつかった試行錯誤の流れ

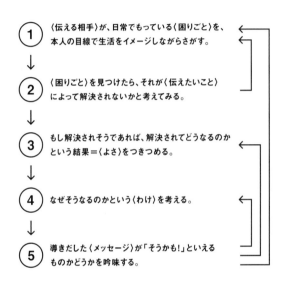

伝えるべき〈メッセージ〉を見つけるときには、この5つのプロセスを何度もたどりながら、これだというものが見つかるまでねばり強く考えていきます。

といっても、1から5までを順に何度もくり返すわけではありません。

実際には、2で行きづまって1に戻ったり、5で条件をクリアできなくて1に戻ったり、4に戻ったり……と、たどり方にはいろんなルートがあります（前ページ図）。

あっちに戻ったり、こっちに戻ったりしながら、「そうかも！」といえるものを見つけるために、試行錯誤をくり返す。

そうやって時間をかけて取り組んでいると、いつのまにか目的を見失って、思考が迷走してしまうこともあります。

そんなときは「要素メモ」に目を向けて、5つの要素のあいだにあるコミュニケーションの関係性をもういちど把握する。

そのうえで、いま考えようとしている要素がどのマスのものなのかを再確認し、自分が「思考の型」のどこに取り組もうとしているのかを意識しなおすと、目線が整理されやすくなります。

〈メッセージ〉を見つけていくうえでのいちばんのポイントは、想像力にあります。情報や理屈で追いつめていくのではなく、情報や理屈をふまえたうえで、伝える相手の立場になって実感をもって想像していく……。

「伝える」という行為は、当たり前のことですが、人による人に向けた働きかけです。相手を見つめなければ、相手に納得してもらうのは難しいのです。

より適切な〈メッセージ〉を見つけるために。

5つの要素の扱い方

ここまで、〈メッセージ〉の見つけ方について、おもに手順を重視しつつ、説明してきました。

「要素メモ」および「思考の型」のベースになっている5つの要素についても、すでに概要を説明しました。

が、それぞれの要素には、細かな部分での扱い方の要領や注意点のようなものがあります。最後にそれをまとめておきましょう。

〈伝えたいこと〉……それ自体をよく知る

本書では一貫して〈伝えたいこと〉と表記していますが、ここには「伝えたいこと」と「伝えたいもの」の両方が含まれています。

「こと」と「もの」のちがいは、なかなか厳密にはいい当てにくいところですが、本書での意味は「こと」は意見や主張、行動、状況など、「もの」は実体のある物や場所、もしくは人などです。

実際に、なにかを伝えようとするときには、伝える事柄が「こと」のときもあれば、「もの」のときもあります。

たとえば、ぼくが主宰している講座にしても、開催を告知するときは「もの」として扱いますが、受講者が感想などをＳＮＳなどで発信するときは、体験談のように「こと」として扱われることもあります。

ただ、「こと」であれ、「もの」であれ、〈メッセージ〉にたどり着くための考え方は、基本的に変わりません。すでに紹介した「思考の型」も変える必要がありません。

それゆえ本書では、あえて分けずに〈伝えたいこと〉と表記しています。

ただし、「もの」を対象とするときに、ひとつ大事なことがあります。それは、そのもの自体をよく知ることです。

知らない人物をほかの誰かにうまく紹介できないのと同じで、よく知らない「もの」から適切な「価値」を引き出すことはできません。

企業の魅力を伝えるブランディングの第一人者として知られるクリエイ

ティブディレクターの水野学さんは、つぎのようにいっています。

「考える対象のことをよく知らないうちに出したアウトプットは、知識がないぶん、精度が低くなってしまう」

水野さんの場合は、その知識をたくわえるためのプロセスを「調査・研究」と位置づけているそうですが、よく知らないものはきちんと分析したり、解釈したりすることもできません。

なんらかの「もの」を伝えるのであれば、あらかじめそれについての知識をある程度たくわえてから、「思考の型」に入っていくことが不可欠です。

余談ですが、伝えるコミュニケーションに慣れて、「思考の型」の目線が身についてくると、無意識のうちに受け手目線でものごとを考えてしまい、

「伝えたいこと」として書き出したものが、すでに「伝えられたいこと」に変換されていた、というようなことも起こります。

その場合は、先述の「思考の型」の手順ではなく、その「伝えられたいこと」から逆算して〈困りごと〉をさぐり、〈わけ〉を見つけるという順で思考を進めて〈メッセージ〉を定めるようにします。

大切なのは、進め方の手順をかたくなに守ることではありません。

結果的に適切な〈メッセージ〉を見つけられれば、それで十分なわけで、自分の慣れや熟練度合いに応じて、自分なりの「型」をつくることも考える必要があります。

〈伝える相手〉……「代表的ひとり」に伝える

第2章でもお話ししたように、〈伝える相手〉がはっきりしなければ〈伝えたいこと〉の〈よさ〉は決められません。

それだけに、〈伝える相手〉像は、概念的なものではなく、具体的であることが重要です。

ビジネスの現場では、いまでも「20代女性向け」「50代男性向け」のように働きかける相手を層として設定することもあるようですが、伝えるコミュニケーションにおいては、そういうとらえ方は望ましくありません。

実際に街を歩いている人たちを見ればわかることですが、いまの時代は価値観も生活の仕方も多様ですから、「20代女性」「50代男性」といった言葉でくくることには、あまり意味がありません。

それゆえ、手紙のように相手がそもそも明確な場合もありますが、そうではないケース、たとえばイベントの告知や企業からの情報発信などの場合も、できるかぎり具体的に〈伝える相手〉を想定します。

複数の相手に呼びかける場合も同じです。〈伝える相手〉には、原則としてひとりの人間像を想定します。

イベントの告知などだと、状況だけ、かたちだけを見れば、たしかに同時に複数人に伝えているかもしれませんが、個々の受け手の目線で見れば、どんな伝えるコミュニケーションも「自分ひとりに対しての働きかけ」です。

要するに「大勢に対して伝える」の実際のところは、「ひとりに対する働きかけが、同時並行で多数おこなわれている」ということ。

とはいえ、そのひとりの人間像を「Bさんに向けて」のように、特定の人物にしてしまうと、引き出される〈よさ〉などが限定的になりすぎて、〈メッ

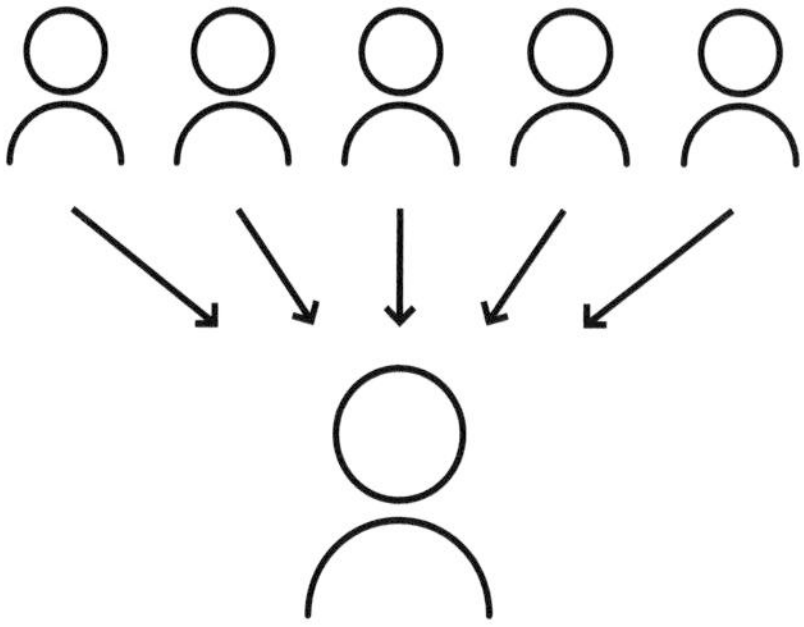

「代表的ひとり」に向けて伝える

セージ〉の汎用性が失われてしまいかねません。手紙を書くように文章を書くといい、とすすめられることもありますが、実際のところはちょっと難しいといわざるをえません。

そうならないように、投げかけたい人たちの何人かを具体的にイメージしながら、それを背負った代表的存在として、「Bさんのような人に向けて」という多少の含みのある像を〈伝える相手〉に据えるのが理想的です。

いってみれば、村民たちの利益を背負って代表している村長を〈伝える相手〉にするイメージです。

また、よく知らない相手にアドバイスができないのと同じで、〈伝える相手〉のことを知らなければ、納得してもらえるような〈メッセージ〉は見つけられません。〈伝える相手〉についても「知る」ことが大切です。

もしよく知らない相手になにかを伝えるのであれば、その人たちのライフスタイルや価値観などについては、ネットや資料などで調べるなり、人物像が近い人に話を聞くなりして、なんらかの知識をもっておくようにします。

ちなみに、同志や仲間を募るような投げかけをしたいときは〈伝える相手〉に自分を想定します。そうすれば、自分に近い価値観の人たちに対して、伝わるような〈メッセージ〉を見つけることができます。

〈困りごと〉……「ちょっとした不満」を見つける

「思考の型」のところでもお話ししたように、〈困りごと〉として扱うのは〈伝える相手〉が抱えているであろう悩みや課題です。

そして、これらはあくまで〈伝える相手〉目線のものでなくてはなりません。

ごくたまに社会経験が豊富な人や、知的水準が高い人のなかに、相手に対して「ここを課題とすべき」という〝べき論〟を押しつけがちな人を見かけます。

たとえば、「彼は仕事の段取りが苦手だから、その課題を……」といったことですが、その意見がどんなに正しいものであろうと、しょせんそれは伝え手側の目線です。

伝えるコミュニケーションにおいては、相手に実感がなければ、そもそも聞く耳をもってもらえません。

悩みや課題をさぐるときには、いったん自分の考えや価値観を脇において、かならず〈伝える相手〉目線になる。

そのためにも〈伝える相手〉自身や取りまく環境について知っておく必要があるし、彼らの心情を理解する必要があるのです。

とはいえ、立場の異なる人の気持ちになりきるのは簡単ではありません。とくに〈伝える相手〉が、自分とは生きるコミュニティが異なるような遠い存在だったりすると、ともすると当てずっぽうになって、的はずれな悩み、課題に注目してしまったりしがちです。

そういうときは、どうすればいいのか。

〈伝える相手〉と自分との〝立場の重なり〟を見つけて、そこで悩みや課題をさぐっていくようにします。

たとえば、「同じサラリーマンの立場として」「同じ趣味をもつ者として」「同じ地方の出身として」といったことですが、その〝重なり〟をあまり抽象的になりすぎないレベルで見つけて、そのなかで想像していく。

そうすれば、自分の実体験や実情を参照することができますから、当てずっぽうにならないだけでなく、嘘いつわりのない実感をともなった悩みや課題を見つけやすくなります。

ウォルト・ディズニーは、「6歳であろうと、60歳であろうと、誰もが変わらずにもっている〝子どもごころ〟のために私は映画をつくっている」という言葉をのこしていますが、これも同じでしょう。「子どもごころをもっている私たち」という〝重なり〟を見つけて、そこに対して働きかけていく、ということです。

また、そこで注目する悩みや課題については、最終的に〈メッセージ〉になったときの目利きのカギが「伏知」にあることを考えると、じつはあまり大きなもの、深刻なものでないほうが望ましいといえます。

病気などの生死にかかわるような大きな課題や、人間関係などの深刻な

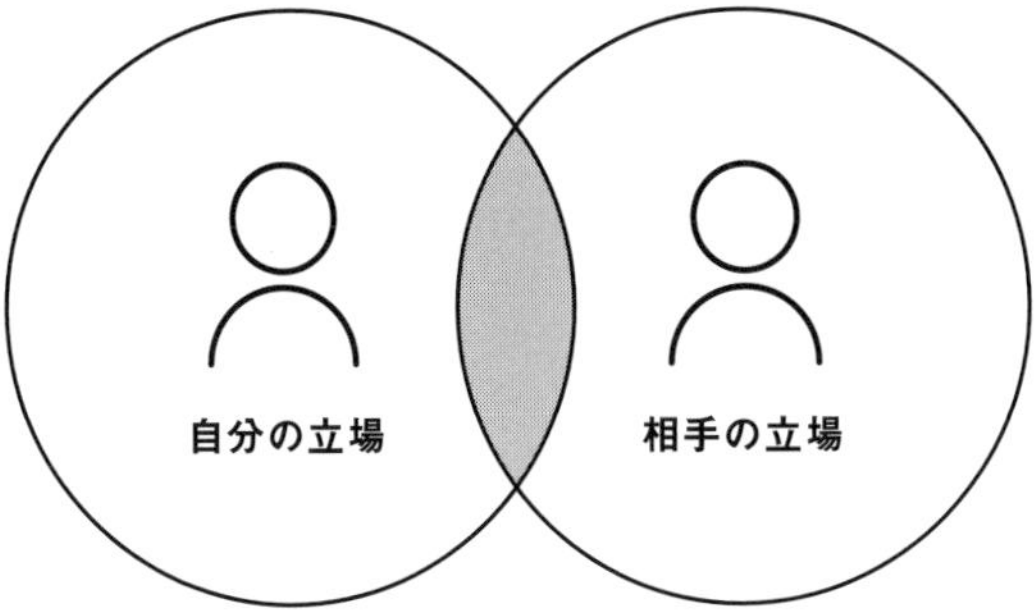

「立場の重なり」を意識すると〈困りごと〉を見つけやすい

悩みは、そもそも意識を向けることが多いぶん、既視感をともないやすく、「伏知」になりにくいからです。

目利きのところでお話ししたように「知っていたけれど、まだ気づけていないもの」に人は惹かれます。それと同じで、「いわれてみれば、それ、ちょっと悩んでいたんですよ」と思えるような小さな悩みや課題――要するに、日常にある「ちょっとした不満」を見つけることが、この〈困りごと〉の最大の目標のひとつです。

基本的にはそれを〈伝える相手〉の生活をイメージしながらさがしていきます。

でも、どうしてもうまくイメージできない場合は、悩みや課題がピックアップされている場所に行ってヒントをさがす。

たとえば本屋がそのひとつです。本の多くは、人びとの悩みや課題に応えるべく書かれているだけに、棚に並んだ本のタイトルを追っていくだけでも、なにかしらのヒントが得られたりします。

〈よさ〉……「根拠のある直感」を大切にする

〈よさ〉に関しては、第2章を含めて、これまでも紙面を割いてお話ししてきているので、さほど補足することはありません。

ただ、ひとつ強調しておきたいことがあるとしたら、〈よさ〉を導きだす際には、直感を頼りにしたほうがいいということです。

人の直感は思った以上にすぐれています。そしてなにより直感には、エモーショナルなものを含めて言語化されていない情報をまじえることもできます。

ただ、根拠のない直感は、思いこみの域を出るものではなく、的はずれになりがちです。

そうならないように、「思考の型」の目線を守り、〈伝えたいこと〉や〈伝える相手〉について十分な知識をもったうえで具体的な行動や姿を想像するなかで直感を生かしていく。

そうすれば、的を射たところに〈よさ〉を見いだすことができるようになります。

〈わけ〉……思い浮かべたシーンを手がかりにする

〈わけ〉に関しても、すでにいくつかのことをお話ししてきましたが、もっとも大切なのは、〈わけ〉はひとつではないということです。

そのことを忘れずに「そうかも！」と思えるような、小さな発見のあるものをさがすようにします。

理由というと、ロジックで導きだすもののように思うかもしれませんが（もちろんそれもありますが）、そのいちばんの手がかりは、やはり想像のなかにあります。

例としてあげた「奈良公園に同僚のAさんを誘う」なら、「気持ちを抑え込みがち」なAさんが抱いているであろう悩みが、「奈良公園に行くこと」で解消されるのはどんなときだろうかと、具体的なシーンを想像してみる。

そして、なぜそうなるのかと、Aさんの心情に思いをはせる。

そうやって、想像のなかのシーンをもとに、裏側にあるこころの動きを追っていくと、「ああ、そのおかげで解消されるのか」と思える〈わけ〉が見つかりやすくなります。

シーンとして思い浮かべた〝絵〟には、理屈や感情を含む、あらゆる情報が盛りこまれています。作業シートのうえで文字を並べながら考えていくよりもはるかに情報量が多く、いろんなことを把握しやすいのです。

＊

伝えるコミュニケーションは、解決をテーマにしているとくり返してきましたが、その解決の対象は、つまるところ受け手の気持ちです。自分のなかにある満たされない気持ちを埋めてくれる主張に人は惹かれ、納得し、共感します。

もちろん他人である以上、その気持ちを完璧におしはかることはできません。でも、寄りそうことはできます。

そのために欠かせないのが、折にふれて強調してきた想像の力です。

伝えるコミュニケーションは、相手の身になって、相手の幸せを考えることからはじまります。〈メッセージ〉は、そのなかで生まれ出てくる小さな提案なのです。

では、「伝え方」を研ぎ澄ませていくには、それをどう扱えばいいのか。

次章では、そんな〈メッセージ〉の生かし方について考えていきます。

第4章 「伝え方」を最適化する

——〈メッセージ〉の効用と「同分解展」。

〈メッセージ〉が表現を連れてくる。

大きな矢印をかたちづくる小さな矢印

伝えるコミュニケーションは、かならず〈表現物〉をともないます。そして、文章やお話、映像、デザインなどがそうであるように、〈表現物〉は情報の集合体です。

いってみればそれは、伝え手から受け手に投げかけるべく放たれた「大きな情報の矢印」のようなもの。本書で説明してきた〈メッセージ〉は、その軸ともいえる凝縮された「小さな矢印」であって、かつそこにある情報を結びつける役割を果たしています。

多くの場合、この「小さな矢印」は外からは見えません。

でも、それが内在することで、「大きな矢印」は分裂することがなくなり、矢印としてのかたちをしっかりと保ち、なにより矢印の方向性（受け手がちゃんと魅力を感じてくれる方向性）を適切に維持できるようになります。

〈メッセージ〉を定めるからこそ、〈表現物〉がある方向性をもってかたちづくられる。そして〈メッセージ〉があるからこそ、〈表現物〉は伝わるものになるのです。

それなら、〈メッセージ〉を意識すると、「伝え方」はどんなふうに変わるのか――この章では、そんな〈メッセージ〉の効用について詳しくみていくことにします。

注目しておきたい効用は3つです。

そのひとつは、すでに何度かお話ししているように、「伝えるための〈表現物〉をつくりやすくなること」。

いまの矢印のお話のように、なにかを伝えるための〈表現物〉は、どんなものでも複数の情報によって構成されています。

ただ、第1章でもお話ししたように、それらはなんとなく情報を寄せ集めたものではありません。伝えるために必要だから集められたものであって、そのかたまりは、「大きな矢印」として、受け手に投げかけるものになっていなくてはいけない。〈メッセージ〉は、そんな方向性のある情報を「選びとり」、「組み立てる」ための軸となるものです。

たとえば、第2章で説明した「高齢の父親を奈良公園に誘う」場合でも、〈メッセージ〉が定まっていなければ、父親を誘う意図がはっきりせず、「大仏を見に行こう」「桜を見に行こう」などと、ついありふれた情報を盛りこんで、魅力や説得力のない話をしてしまったりします。

でも、〈メッセージ〉が定まっていれば、的を射たかたちで具体的な話をしやすくなります。

「奈良公園に行けば、時間をかけて歩くことができるだけでなく、歴史や自然、動物などとの出あいもあって気持ちの面でも刺激があるから、心身ともに健康になる」を〈メッセージ〉とするのであれば、実際にどんな歩きやすい場所があるか、どんな歴史的なスポットがあって、どんな植物があって、どんな動物と遭遇できるのか、といったことを事前に調べて、詳しく説明してあげればいい、とすぐに判断がつきます（余談ですが、〈メッセージ〉を意識できていると、解釈のものさしができるため、調べものをするときにも必要な情報をピックアップしやすくなります）。

〈メッセージ〉がはっきり定まっていると、「伝え方」がおのずと見えてくるのです。本書でも一貫して念頭に置いてきたことですが、これが「伝え方」における〈メッセージ〉の最大の効用のひとつといっていいでしょう。

その好例のひとつは、雑誌の「特集記事」です。

ご存じのとおり、多くの雑誌では、毎号、特定のテーマや対象について掘り下げた「特集記事」が用意されています。雑誌の読者のなかには、それを目当てにしている人も少なくありません。

でも、そこで扱うテーマや対象自体がすごく奇抜かというと、かならずしもそうともいえません。ありふれたテーマであっても、その雑誌ならではの伝え方でおもしろさを演出しています。

たとえば、「本屋」の特集。これまでいろんな雑誌で取り上げられているテーマですが、雑誌によって、それぞれ伝え方がまったくちがいます。

「ポップカルチャーの総合誌」という旗を掲げる『ＢＲＵＴＵＳ』は「本屋好き。」「書を探しに街に出よう！」として店主の個性が光る本屋を取り上げていますし（２０１９年11月１日号）、社会や環境のあり方を問いかける『ソトコト』は「なじみの本屋」としてソーシャルという観点から本屋を紹介しています（２０１４年２月号）。言論誌『ｋｏｔｏｂａ』は「本屋に行こう」と作家たちのおすすめ書店を取り上げ（２０１３年春号）、建築やインテリア、デザインを扱う『ＣＡＳＡ　ＢＲＵＴＵＳ』は「居心地のいい本屋さん」として、場所としての本屋に注目しています（２０１６年12月号）。

〈メッセージ〉（主題）の定め方がちがえば、伝え方はおのずとちがってくるのです。タネがちがえば咲く花がちがうように、〈メッセージ〉がちがえば、伝えるための〈表現物〉もちがってきます。

〈メッセージ〉は表現を連れてくるのです。

〈メッセージ〉がなければ、そもそも推敲《すいこう》できない。

〝基準〟があるから推敲できる

注目しておきたい〈メッセージ〉の効用の2つめは、〈表現物〉のクオリティを上げやすくなる、です。

ご存じのとおり、文章には推敲という作業があります。

『大辞泉』によれば、推敲とは「詩文の字句や文章を十分に吟味して練りなおすこと」。つまりは書いたものをよくする、クオリティを上げていく取り組みです。

しかし、文法的なまちがいや誤字を正すような修正はともかくとして、そもそも「よくする」にはなんらかの方向性が必要です。

なにに対して「よくなる」のか。

どこをめざして「よくなる」のか。

基準もしくは目的ですが、そこがないと、なんだかよくわからないまま文章をいじることになり、結局は単なる好ききらいをあてはめただけになってしまいます。

ビジネスパーソンの原稿でときどき見かける、「いたずらに情報をつめこんだ文章」などは、まさにその産物といえるでしょう。

問題は、その基準がなんなのか、ですが、「伝えるコミュニケーション」においては、やはり「〈メッセージ〉がちゃんと伝わること」にほかなりません。

その表現は〈メッセージ〉を伝えるために貢献できているものになっているのか——推敲は本来、そういう目線で、〈メッセージ〉がきちんと伝わることをめざして行われるべき作業だということです。

逆にいえば、〈メッセージ〉が自覚されているから、的を射た推敲ができるということ。

もちろんこれは、文章にかぎったことではありません。

書き言葉や話し言葉、ビジュアルなど、あらゆる「伝えるコミュニケーション」に対してもたらされる効用です。

〈メッセージ〉はディレクションのカギをにぎる

じつは、第1章の冒頭で紹介した「伝えるべきことをひとことでいうと、なんですか？」という問いかけも、本来は、この「〈表現物〉のブラッシュアップ」を念頭に置いたものです。

他人が書いた文章にアドバイスする立場になったとして想像していただくとわかると思うのですが、その文章で表現しようとしている「伝えるべきこと」がつかめなければ、めざすところがそもそもわからず、改善しようにも、なにをどう変えればいいのか、判断がつきません。

でも、本書で定義したような形式どおりの〈メッセージ〉とまではいかなくとも、「伝えるべきこと」がある程度でも把握できると、書かれている内容についても、「このエピソードはいらないのではないか」「この例はこんな解釈で書いたほうがいい」「こういう情報があるといい」といった見きわめができるようになります。

その基準を設定するために、「ひとこと」を最初に訊ねて、〈メッセージ〉の存在を確認するのです。

さらに〈メッセージ〉は、自分でつくった〈表現物〉のクオリティを自分で〝推敲〟するためだけのものではなく、他人がつくった〈表現物〉のクオリティを高めるためのディレクションのカギをにぎるものでもあります。

仮に、だれかが書いた記事のブラッシュアップをはかるのだとしたら、まずは〈メッセージ〉、つまりは「伝えるべきこと」が明確に意識されているかどうかを、読んで確認したり、書き手に訊いたりして把握するところからはじめる。

そして、もしそれが十分なものでなかったとしたら、今度は〈メッセージ〉

の「要素メモ」を意識しつつ、書き手に頭を整理して考えてもらったり、いっしょになって議論したりしながら、それぞれの要素をはっきりさせ、〈メッセージ〉を定めていく。

そのうえで、記事の内容をあらためて精査し、変えるべきところを変えていく——こういうプロセスを踏めば、場当たり的に手なおしをしたり、個人の好みや思いつきを反映させたりするのではなく、〈表現物〉を適切に伝わるものへと導いていくことができます。

自分のものであれ、他人のものであれ、〈メッセージ〉を用いれば、より本質的なところから〈表現物〉のクオリティを上げていくことができるのです。

選べないのは、「見る目がないから」じゃない。

〝いっしょくた〟にするから評価できない

注目しておきたい〈メッセージ〉の効用の3つめは、「〈表現物〉を評価しやすくなる」です。

企業などでコミュニケーションに関する助言をしていると、デザインやキャッチコピー、記事など、なにかを伝えるための〈表現物〉に対して、どう評価していいかわからない、という声をよく聞きます。

ほとんどの場合、その声の主は「問題は自分の目利きの力にある」と思っています。

でも、ここにはちょっとした誤解がひそんでいます。

〈表現物〉を評価できないのは、見る目がないからではなく、評価する〟ものさし〟を意識できていないからであることが少なくないのです。

たとえば、デザイナーにロゴマークの制作を依頼するとき。

依頼する側も、依頼された側も、往々にして仕事の内容は「ロゴマークをかたちにすること」だと思っています。

でも、実際のところはちがいます。そこには「〈メッセージ〉の策定」と、それを「かたちにすること」の2つの作業が含まれています（〈メッセージ〉を決めて、それをロゴマークとして表現する）。

にもかかわらず、それらを分けて考えることなく、いっしょくたにしたままで〈表現物〉だけを見ようとすると、うまく評価できません。

先ほどの推敲と同じで、めざすところがはっきりしないからです。

〈メッセージ〉はなんなのか（それは十分なものなのか）。

〈表現物〉はそれを適切に表現できているのか。

この2つの目線があってはじめて、〈表現物〉をちゃんと評価することができます。

もちろん、「かたちにすること」だけを制作者に依頼するという手もありますが、それはあくまで、2つの作業をきちんと分けて考えたうえでの話です。

そして、もしそうするのであれば、〈メッセージ〉の部分は、あらかじめ依頼する側で定めておく必要があります。

たとえば、ぼくがかかわったところでいえば、すでに紹介したロボティクススタートアップ「Ｔｈｉｎｋｅｒ」の企業ロゴ作成の際は、基本的な〈メッセージ〉はあらかじめ社内で定めたうえで、制作を依頼する方法をとりました。

〈メッセージ〉は、「その場、その場で自分で判断する思考力をロボットにもたせることで、人との協働を可能にする」。デザインを担当してもらったクリエイティブ会社には、この〈メッセージ〉を含めたさまざまな情報を提供したうえで案を出してもらい、最終的に採用したのが２４１ページのロゴです。

「自分で判断する」というロボットの生物感。「人と協働する」という親しみやすさ。それらがひとつのビジュアルによって適切に表現されていることとが、〈メッセージ〉をものさしにして見るとよくわかります（ちなみに、ロボットの顔のように見えるのは、この企業のキープロダクトとなっているセンサーです）。

デザイナーに依頼する話がつづきましたが……、文章を誰かに書いてもらったりするような身近な依頼から生まれる〈表現物〉でも、もちろん同じです。

〈メッセージ〉はなんなのか（それは十分なものなのか）。
〈表現物〉はそれを適切に表現できているのか。

この2つの目線をきちんと意識できると、〈表現物〉を評価しやすくなります。

Thinker社のロゴ

複数の案からひとつを選ぶ場合も、基本は変わりません。

とにかく、まずは〈メッセージ〉を意識し、それが十分なものかどうかを吟味する。そのうえで〈表現物〉の適切さを問う。

この順で評価していけば、「伝わるもの」を選びとりやすくなります。

この先、必要なのは編集目線

伝えるための〈表現物〉をつくりやすくなる
〈表現物〉のクオリティを上げやすくなる
〈表現物〉を評価しやすくなる

「注目しておきたい効用」としてあげたこの3つは、いずれも〈メッセージ〉をものさしとして、さまざまな情報を解釈することによって意味や価値を規定しています。

いい方を変えると、〈メッセージ〉という文脈（コンテクスト）によって、さまざまな情報の意味や価値をコントロールしている、ということ。

つまり、〈メッセージ〉を定めて、伝え方を制御する、という本書をつらぬいている思想は、じつは「編集」そのものなのです。

そう考えると、世の中の「伝える」仕事のすぐそばには、たいてい〝編集役〟をになう人がいる理由がよくわかるのではないでしょうか。

そして、ライターや著者といった人たちと編集者の目線のちがいが、どこにあるのかもわかるでしょう。

ちなみに、あくまで仮説でしかありませんが、この先、ＡＩを文章などの作成につかう場合にも、こうした編集目線、〈メッセージ〉目線の考え方は役に立つのではないかとぼくはみています。

現時点（2023年春）ではまだ、AIにどこまでのことができるのか、なにを託せばいいのかは、はっきりとしていません。

とくに、OpenAIが提供するChatGPTを見るかぎりでは、こと文章に関しては、必要な情報を与えれば、ある程度のクオリティをもってかたちにしてくれることはわかっているものの、まだまだ評価しきれない部分が多いのも事実です。

リクエストの仕方に関しても、人間でなければできないという人もいれば、いずれAIの側でこちらのニーズをふまえてくれるようになるという人もいたり……。

でも、AIがどのように進化しようとも、アウトプットされたものを用いるかどうかを最終的に決めるのは人間です。やはりそこには評価の目線が求められるでしょうし、ブラッシュアップのための修正の指示も必要になるでしょう。

とすれば、制作を担当してくれる相手が人間か、ＡＩかというちがいがあるだけで、接し方、対応の仕方は、さほど大きく変わらない。

そう考えたときに、やはり「伝える」に関しては、編集目線、〈メッセージ〉目線の有無が成否のカギのひとつをにぎるのではないでしょうか。

文章にとって、いちばん大切なことはなにか。

〈メッセージ〉を文章に落としこむ

ここまで、〈メッセージ〉が「伝え方」に及ぼす3つの効用についてお話ししてきました。

〈メッセージ〉を定めること、その存在を意識することが、〈表現物〉という大きな矢印をかたちづくるうえで不可欠であることが、おわかりいただけたのではないかと思います。

最後に、この〈メッセージ〉を〈表現物〉に落としこんでいく際の具体例のひとつを、文章を題材にして紹介します。

とはいえ、文章とひと口にいっても、種類も、長さもさまざまです。

そこでここでは、いまの社会においてもっとも頻繁に用いられている文章の種類のひとつともいえる、「説明・案内文」をテーマに話を進めていくことにします。

イベントなどの告知やお誘い、企画書の最初に置かれる概要説明、パンフレットやウェブサイトの前のほうに出てくる案内文といえば、おおよそのイメージがつかめるでしょうか。

字数としては500〜600字程度。文字どおり、なにかを説明したり、知らせたり、案内したりして、受け手から納得や共感を得ることをめざす文章です。

さて、本題に入る前に、まずひとつ問いかけをします。

文章にとって、いちばん大切なことはなんでしょうか？

それは、伝わるものであること——といいたいところですが、それ以前に大切なのは「読んでもらえること」だとぼくは考えています。

第1章の伝えるコミュニケーションの構造のところでもお話ししたように、コミュニケーションの橋は2つあります。

そして、「第2の橋」は受け手自身に架けてもらうものです。

文章でいえば、書くところ（第1の橋を架ける）までは伝え手にできる。

でも、それを読むかどうか（第2の橋を架ける）は、受け手が決めることです。

しかも、いまの世の中には膨大な量のテキストがあふれています。

ネットでふと出あって読んでもらうのが難しいのはもちろん、「読んでください」と手わたしたり、メールで送ったりした文書ですら、ちゃんと読んでもらえるとはかぎりません。

しかし、読んでもらえなければ、そこに書いたことは届きません。いくら貴重な情報を書こうと、大切な思いを語ろうと、そこに正義があろうとも、それが知られることもなければ、影響を与えることもありません。

やや極端ない い方かもしれませんが、読まれなければ、そこで訴えたことは、存在しないのと同じになってしまう。

書いた文章を「読んでもらえるかどうか」は、いってみれば文章の生き死ににかかわる問題なのです。

文章は読まれてはじめて役割を果たす。

だからこそ、文章にとっていちばん大切なのは、「読んでもらえること」だとぼくは考えています。

（ちなみに、「読んでもらう」の第一歩は、文章自体に出あったときに読んでみようと思う（ウェブの記事であれば、クリックするなどして本文に入る）ことですが、ここに関しては、メディアの環境やコミュニティの事情、それにそれらをふまえたタイトルの設定など、複合的な対処が求められます。紙面の都合もあって、本書ではその部分への言及は割愛し、「読みはじめたあと、ちゃんと最後まで読んでもらうにはどうすればいいのか」という部分にフォーカスして説明します）。

文章の「中身」と「器」に必要性を織りこむ

ただ、世の中には、「書いたものは最後までちゃんと読んでもらえるものだ」と無意識のうちに思いこんでしまっている人が少なくありません。

実際に、文章をみてほしいといってこられる人のなかにも、「(自分の主張は)最後まで読めばわかるはずです」という言葉を添える人がけっこういます。

でも、現実はそう甘くはありません。

忙しい現代人は時間も労力も無駄にしたくはない。

ウェブサイトに掲載した記事の完読率は20パーセントとも、10パーセントともいわれています。そう簡単に、最後までつきあってはくれません。

では、どうすれば最後まで読んでもらえるのか。

カギをにぎるのは必要性です。

魅力の説明のところでもお話ししたように、人は必要性を感じるものにはつきあってくれやすくなります。その必要性を文章に織りこんでおくのです。

問題は、どこに織りこむのかですが……。

ひとつは、いうまでもなく、文章の中身です。

いわば文章の主題であり、まさに本書のテーマである〈メッセージ〉がになうところですが、読みはじめて、語られている内容が自分にとって必要なものだ、必要性がありそうだと感じれば、受け手は文章につきあってくれやすくなります。

でも、それなら、〈メッセージ〉について、思うがままに文章に書けばいいのかというと、そうではありません。

詳しく学びたいと意気込んで専門書を買ったものの、難解さに負けて途中で投げ出してしまうのと同じで、主題に必要性を感じていても、読むのが面倒になると受け手は途中でその文章から離脱してしまいます。

そこで配慮すべきなのが、「文章の構成」への必要性の織りこみです。

文章の中身を充実させることはもちろん大切なのですが、その配置の仕方にも気をつかって、途中で離脱したくならないように「読む必要性」を織りこんでおく。

「主題への必要性の織りこみ」と、「構成への必要性の織りこみ」。

いわば、「中身」と「器」の両方に必要性を織りこむということです。

「起承転結」では読んでもらえない。

目的のわからないものに人はつきあってくれない

さて、「文章の構成に必要性を織りこむ」とは、具体的にどういうことなのでしょうか。

ごく簡単にいえば、これは文章モデルに工夫を施すということです。

文章モデルとは、文章の構成の型のこと。序論・本論・結論の順に書く「三段構成」や、ビジネス文書でよく用いられる「ＰＲＥＰ法」など、世の中には数多くの文章モデルが存在します。

ただ、そのなかに「読む必要性」に適切に配慮できているものはほとんどありません。

よく知られている「起承転結」もそうです。残念ながら、現代人には通用しづらい文章モデルといえるでしょう。

「起承転結」は、もともと漢詩の詩型のひとつである絶句を組み立てるための構成で、ご存じのとおり、学校などでは文章を書く際の基本形式のように位置づけられることもあります。

一般的には、それぞれのパートはおもにつぎのような役割をになうとされています。

【起】 前提や背景の説明

【承】　主題の指摘、提起
【転】　主題の考察や視点の転換
【結】　主題についての結論

この構成のどこが〝通用しづらい〟のか。

それは「最後まで読んでもらえる前提」になっているところです。

最初に「前提や背景」を共有して、受け手と認識をそろえ、そのうえで主題を指摘して、考察を深めて、最後に結論……という話のもっていき方は、誤解を防ぎつつ、主題への理解を深めていくことを考えると妥当なもののようにも思えます。

しかし、それはあくまで伝え手側の思惑です。

自分にとっての必要性を気にしている現代人の受け手には、そもそもなんの意味をもつのか（必要性）がわからないまま、冒頭（「起」のパート）から「前提や背景の説明」を読むのは苦痛でしかありません。

この時点で、読むのをやめて離脱してしまう可能性があります。

その後の「承」「転」の展開もそうです。

結論が見えず、最終的になにを得られるのかがわからないまま、話の筋を追っていくのはなかなか大変です。

「もっとも残酷な刑罰は、徹底的に無益で無意味な労働をさせることだ」というドストエフスキーの言葉どおり、人は目的のはっきりしない行為が得意ではありません。やはり途中で離脱してしまう可能性があります。

「最後まで読んでもらえる前提」の「起承転結」では、最後まで読んでもらいにくいのです。

（念のために補足しますが、「起承転結」の「結」に知りたいことが書かれているのであれば、それまでの「起承転」にも必要性を感じて読んでくれるのではないかと思う人もいるかもしれません。しかし、実際に文章を読みはじめる時点では、その文章が「起承転結」の構成で書かれているかどうかは受け手にはわかりません。それゆえ、たとえば「起」のパートでは、どういう意味をもつのかわからない情報を読まされている、と感じてしまうのが実情です）。

それなら、レポートライティングなどですすめられるように、結論を先に書けばいいのかというと、そうともいえません。

結論を知った時点で、わかった気になって離脱してしまう受け手が出てくるからです。

とくに、いまここで題材にしている「説明・案内文」がめざすのは、受け手の納得もしくは共感です。

理解するだけでなく、なんとなく同調するだけでもなく、より高いレベルで納得し、あわよくば共感を勝ちとるところまでもっていくには、もう少し時間をかけて〝お話〟につきあってもらい、あれこれ知ってもらったうえで深く「自分ごと」にしてもらったほうがいい。

いわば知的に肯定するだけでなく、感情の面でも同調できるようにうながすということですが、そのためには文章を単なる情報伝達のツールと考えるのではなく、「体験の機会」としてとらえることが大切になってきます。

伝え手として「どう伝えたいか」ではなく、受け手として「どう伝えられたいか」。

どう伝えられれば、最後までつきあいたくなるか。

そういう目線で、「読む必要性」を意識しつつ、受け手の体験を演出できるような文章モデルが求められるのです。

「説明・案内文」を書くなら「同分解展」モデル。

最後まで読む必要性を、最初に感じてもらう

さて、その文章モデルとはどんなものなのか。

あくまで「説明・案内文」に関していえば、ですが、おすすめしているのは「同分解展」というオリジナルのモデルです。

「同分解展」は、ぼくの造語で「同意」「分析」「解決」「展望」の頭文字を並べたもの。

おのおののパートの役割はつぎのようになります。

【同意】 悩みや課題の指摘
【分析】 悩みや課題の背景や問題点の分析
【解決】 解決の方針や策の提示
【展望】 解決による効果の指摘

かみ砕いて説明すると、最初のパートでは、受け手が抱えているであろう悩みや課題を指摘し、「同意」を得ることから入ります。

そのうえで、その悩みや課題の裏側にある問題点を解明して見せるのが「分析」のパートです。

そして、それをふまえたうえで、解決のために必要なものや策、方法論などを「解決」パートで提示し、最後に「展望」パートで、受け手が享受するであろう効果や未来像を指し示す。
カジュアルな言葉にいいかえると、つぎのような展開で話を進めるということです。

こんな悩み、ありませんか？　【同意】
←
それにはこういう原因があるんです。【分析】
←
解決には、これが必要です。【解決】
←
解決したらこうなりますよ。【展望】

同意

「こんな悩みありませんか？」

▶ 悩みや課題の指摘

↓

分析

「それにはこういう原因があるんです」

▶ 悩みや課題の背景や問題点の分析

↓

解決

「解決にはこれが必要です」

▶ 解決の方針や策の提示

↓

展望

「解決したらこうなりますよ」

▶ 解決による効果の指摘

「同分解展」モデル

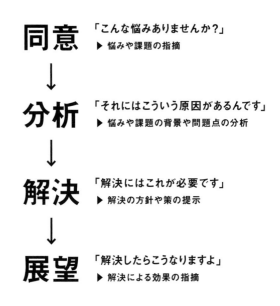

この構成にそって「説明・案内文」を書くと、受け手に最後まで読んでもらいやすくなります。

その理由は、2種類の「読む必要性」に配慮できることにあります。

ひとつは、その文章を「最後まで読む必要性」です。

レポートライティングのように、最初に結論を書く文章モデルをとると、結論をわかったうえで、その先で示される根拠や論理を読むことになり、たしかに理解の度合いは深まりやすくなります。

でも、浅いレベルとはいえ、はじめに結論を知ってしまうと、どうしてもその先を読む必要性が弱くなってしまう。そのせいで、忙しい受け手は読むのをやめるという選択をしがちになるし、読んだとしても流し読みのようになってしまったりします。

とはいえ、「起承転結」のように、結論を伏せて、あれこれ前置きをしてからようやくそこに到達するような書き方をすると、今度は受け手自身が、最初の段階で「その文章を読みきったときに得られるもの」を予測できなくなります。

結果、受け手は、最後まで読んだものの得るものがなく、時間や労力が無駄にしてしまうリスクを嫌って、文章から離脱してしまったりする。

その点、「同分解展」は、両方のモデルのあいだを行きます。

最初に結論こそ示さないものの、解決すべき悩みや課題を共有することで、受け手は文章を読んでいった先に、自分が求める「価値ある結論の存在」を感じることができる。

さらには、読みはじめた時点で、悩みや課題が文章のなかで解決されていくというストーリー展開も予測できることから、「最後まで読む必要性」を見い出しやすくなるのです。

解決されるとわかっているから、つきあえる

さて、2種類の「読む必要性」のもうひとつはなんなのか。それは「それぞれのパートを読む必要性」です。

「起承転結」のように、伝え手側の説明の事情で情報や主張を並べると、受け手にしてみれば、そのとき読んでいる話が結論にどうつながっているのかがわかりづらくなります。

そうなると、目的がはっきりしないだけに読むのが面倒になり、文章から離脱しがちになってしまう。

これに対して「同分解展」は、とにかく解決に向かって話が進んでいることがあきらかです。

そのため、いま受け手の目の前で展開されている話（パートごとの話）が、

自分がたどり着こうとしている結論に直結していることが理解でき、目的を見失いにくくなり、読み進めやすくなるのです。

「最後まで読む必要性」と「それぞれのパートを読む必要性」。

こんなふうに書くと、小難しく感じるかもしれませんが、構成としては、いわゆるミステリーにも少し似ています。

事件が起こり、それが最後に解決されることがわかっている。だから、最後までつきあおうと思いやすいし、途中の小さな伏線にも意味を見いだしやすい。思わず読んでしまう。

「同分解展」の場合は、その〝事件〟の部分が、受け手の「自分ごと」になっているということです。

〝疑似体験〟できると納得しやすい。

「同分解展」に〈メッセージ〉を落としこむ

〈メッセージ〉と「同分解展」。

ようやく「中身」と「器」が出そろったところで、つぎに両方をひとつにする、つまりは「同分解展」モデルに〈メッセージ〉を落としこんでいくことを考えてみましょう。

要は、〈メッセージ〉をもとに、どうやって「説明・案内文」を書いていくか、ですが、手順はさほど複雑ではありません。

定めた〈メッセージ〉にまつわる事柄を「同」「分」「解」「展」のそれぞれのパートのテーマにあわせて書く。基本はそれだけです。

すでにお話ししたように、4つのパートは、それぞれつぎのような役割をになっています。

【同意】 悩みや課題の指摘
【分析】 悩みや課題の背景や問題点の分析
【解決】 解決の方針や策の提示
【展望】 解決による効果の指摘

じつはこれらは、第3章で用いた「5つの要素」にひもづいています。

【同意】悩みや課題の指摘　↓〈困りごと〉の指摘
【分析】悩みや課題の背景や問題点の分析　↓〈わけ〉が実現されていないことの指摘
【解決】解決の方針や策の提示　↓〈わけ〉の指摘と〈伝えたいこと〉の提示
【展望】解決による効果の指摘　↓〈よさ〉の指摘

ですから、文章を書くときは、5つの要素を、それぞれパートの役割にあわせてあてはめていけばいい、ということです。

ぼくが以前、主宰していた文章講座（名称は「編集的文章術」）の案内文を書くことを題材として、各パートの考え方や書き方について詳しく見ていきましょう。

同意　〈困りごと〉の指摘

↓

分析　〈わけ〉が実現されていないことの指摘

↓

解決　〈わけ〉の指摘と〈伝えたいこと〉の提示

↓

展望　〈よさ〉の指摘

「同分解展」モデルと5つの要素の関係

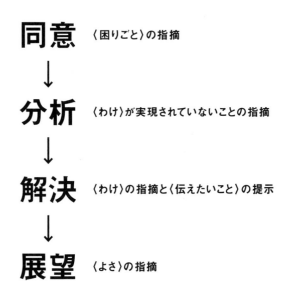

まず、基礎知識として、講座の概要を簡単に説明すると、この「編集的文章術」は、まさに本書で説明してきたような考え方で、文章を体験としてとらえ、伝えるべき内容を意識的に編集して書くための作法を、座学・添削を通じて学ぶための機会でした（現在は開催していません）。

この講座について、「5つの要素」および、〈メッセージ〉をまとめるとつぎのとおりになります。

〈伝えたいこと〉　講座「編集的文章術」

〈伝える相手〉　企画や広報にたずさわるビジネスパーソン※

〈困りごと〉　文章の書き方を工夫しているが、うまく伝わらない（納得、共感してもらえない）

〈よさ〉　納得・共感されやすい文章を書くことができる

〈わけ〉
読む人の立場になって文章という体験を意識する

〈メッセージ〉
読む人の立場になって体験を意識すれば、納得・共感されやすい文章を書くことができる

※ここでは抽象的な表記にしましたが、〈伝える相手〉には、実際にはもっと具体的なイメージがありました。この講座をはじめたのは、ある人の文章に関する相談に乗ったのがきっかけで、おそらく同様の悩みを抱える人が世の中には多数いるであろうことから、「その人のような人」をイメージに据えていました。

勝負の半分は「分」までで決まる

これを「同分解展」にあてはめると、どうなるでしょうか。

まずは「同（同意）」のパートですが、ここでは悩みや課題を指摘しつつ、受け手の同意を得ることをめざします。

「こんな悩み、ありませんか？」という問いかけに対して、「いわれてみればそうだ」「自分のことだ」と思ってもらうことが目標です。「5つの要素」のうちの〈困りごと〉に該当します。

講座「編集的文章術」でいえば、先ほどの〈困りごと〉欄にあるように「文章の書き方を工夫しているが、うまく伝わらない」がそれですが、「説明・案内文」を書くときには、そこから具体化して指摘するとより同意を得やすくなります。

たとえば、「情報をしっかり盛りこんだのにわかってもらえない」「ロジカルに書いたのに納得してもらえない」といったことです。

ただし、ありふれた悩みや深刻すぎる課題を投げかけても同意を得るのは難しいことから、第3章でもお話ししたように、ここで日常的な「ちょっとした不満」を見つけられるかどうかがカギをにぎります。

つぎの「分(分析)」のパートでは、「同」で提示した悩みや課題の裏側に原因があることを指摘します。

「それにはこういう原因があるんです」という投げかけに対して、「たしかにそういうことかも」と受けとめてもらうのが目標です。

とはいえ、このために新たな原因分析や考察などをおこなう必要はありません。つぎのパートで語られるはずの「〈わけ〉=課題を解決する道理」が、現状ではうまく実践されていないことをいい当てれば筋は通ります。

講座「編集的文章術」でいえば、〈わけ〉欄の「読む人の立場になって文章という体験を意識する」が実践されていない、と指摘する。つまりは「文章を体験としてとらえていないことが原因」ということです。

「分」を受けた「解（解決）」では、解決の方針および解決策を示します。

「こうすれば解決します」「解決には、これが必要です」と道筋と策を見せて「自分に必要だ」と思ってもらうことが目標。「5つの要素」のうちの〈わけ〉と〈伝えたいこと〉を書くところです。

……こうお話しすると、ここでがんばって説き伏せなくてはと思いそうになりますが、実際には勝負の半分は「分」までついています。

病気を診断してくれた医者のことを信頼するのと同じで、悩みや課題の指摘が的を射ていて、それに対して納得性のある原因をいい当てることができていれば、受け手はかなり前のめりになってくれるからです。

「解」で必要なのは、説得のような積極的な働きかけというよりは、〈わけ〉をわかりやすく説くていねいさです。「分」までで生まれた期待感に応えるという意味では、むしろスタンスは守備的かもしれません。

そして、あわせて〈伝えたいこと〉についても忘れずにふれる。

講座「編集的文章術」でいえば、〈わけ〉欄の「読む人の立場になって体験を意識する」をかみ砕いて、具体的に説明し、講座についてもきちんと語るということ。

さて、最後のパート「展（展望）」では、解決によって享受できる効果・価値を指摘します。ここでは、「解決したらこうなりますよ」というイメージを示して、「そうなりたい」と思ってもらうことをめざす。「5つの要素」のうちの〈よさ〉です。

「同分解」までの3つのパートで、悩みや課題を指摘し、その原因をいい当てて解決の仕方を提示したわけですが、それはつまりこういうことだ、という結論を受け手自身の未来像というかたちで示す。

講座「編集的文章術」でいえば、〈よさ〉欄の「納得・共感されやすい文章を書くことができる」がそれですが、ただ概念的に説明するのではなく、その〈よさ〉によって享受できる事柄をある程度、具体的に書くことができると、より自分ごととして引きつけて受けとめてもらいやすくなります。

「同分解展」の最大の特長は〝疑似体験〟にある

以上が、「同分解展」に〈メッセージ〉を落としこんでいく際の考え方です。

案内文を書くときには、これをもとにそれぞれのパートごとに必要な文章を用意し、多少の地ならしをしつつ、最終的にひとつにまとめます。
その方法で書いたのが、つぎの案内文です。

「情報をしっかり盛り込んだのにわかってもらえない」「ロジカルに書いたのに納得してもらえない」……。仕事のなかで文章を書いている人からよく、こんな悩みを寄せられます。自分なりに書き方を工夫してはいる。でも、うまく相手の気持ちに届かない。多くの場合、その理由は「文章を体験としてとらえていない」ことにあります。

読む人にとって文章は、文字を通じた体験です。つまり「文章を書く」とは、読む人のために体験をつくってあげること。そこで伝えるべきことを伝えて、納得して共感してもらうには、〃そういう体験〟になるように情報を編集し、文章を構築していく必要があります。

このたび開催する講座「編集的文章術」では、企画書や告知などで書く「説明・案内文」を題材に、そんな「体験としての文章」について、編集的視点から基本的な考え方や作法を解説します。そのうえで文章課題の提出および講師による個別の添削、講評を通じて、読む人に納得してもらい、共感してもらえる文章の書き方を具体的に学んでいただきます。

「説明・案内」はあらゆる仕事のつなぎ目です。そこで納得・共感されやすい文章を書くことができるようになると、仕事全体がスムーズに進みやすくなります。

ご興味のある方は、ぜひともこの機会にご受講ください。

読んでいただくとわかるように、読みやすさや理解しやすさへの配慮から、若干、パート間をクロスオーバーしている部分もあります。また、各パートごとの分量も均等ではありません。

大切なのは、モデルを厳格に再現することではありません。

意識を向けるべきは、あくまで文章自体が受け手にとってどういう体験になっているか。その目線で何度も確認し、言葉足らずにならないように、かといって冗長にもならないように文章をつづっていきます。

また、「最後まで読んでもらいやすくなること」に注目して説明してきましたが、じつは「同分解展」の最大の特長は疑似体験にあります。

何度かお話ししたように、この文章モデルは受け手が抱えているであろう悩みや課題を、文章のなかで解決していきます。それはつまり、自分の悩みや課題が解決されていくさまを、順を追って文章のうえで疑似体験することでもあります。

受け手はそのプロセスで〈メッセージ〉を知的に把握するだけでなく、身体で感じることができ、納得を超えて共感にたどりつきやすくなるのです。

「伝える」は「人から人への働きかけ」

いまみてきたように「同分解展」のモデルを用いれば、かなりのところまでシステマティックに「説明・案内文」を書くことができるようになります。

そして、お気づきの方もいるかもしれませんが、じつはふだん私たちが書く文章のほとんどは「説明・案内文」にあてはまるものです。

すでに指摘したイベントの告知や企画書の概要文はもちろんのこと、報告書や依頼文、noteやブログの記事、本やエッセイの原稿なども、基本は「説明・案内文」です。そうでない文章を見つけるのが難しいくらい、世の中には「説明・案内文」があふれていますが、基本的には、それらすべてに「同分解展」モデルを用いることができます。

解説の都合上、本書では「500〜600字」の文章と設定しましたが、本来は文字数にも制限はありません。もっといえば、文章だけでなく、企画書の構成や、スピーチなどのお話などにも活用できますし、商談やプレゼンなどに生かすこともできます。

ただし、それが本当に伝わるものになるかどうかは、やはり〈メッセージ〉にかかっています。

本書でくり返しお話ししてきたように、〈メッセージ〉がはっきりと定まっているから、はっきり伝わるのだし、〈メッセージ〉が伝わるものになっているから、受け手は納得したり、共感したりするのです。

「伝える」という行為は、あくまで「人による人への働きかけ」です。受け手という「人」の存在を忘れて、書き方や言葉づかい、手法だけを追いかけるようになると、文章にせよ、お話にせよ、ほかのものにせよ、〈表現物〉は急に力を失います。

でも、しっかりと「人」に向きあい、「人」を思いやり、「人」に向かって語りかければ、こころに届くものになるし、通じあうこともできます。「人」に希望をもたらすこともできる。

「伝える」という行為には、そんな可能性があるのです。

付録「もっと伝える」ための2つのヒント

もっと伝えるために①

「向こう側」という目線

受け手のなかに残るのは「表現物」ではない

本篇では、さまざまな種類の伝えるコミュニケーションを想定しつつ、〈メッセージ〉を手がかりに「伝え方」について説明してきました。

この付録では、それを「もっと伝わるものにする」ためのヒントとして、伝え方にかかわる2つの目線を紹介します。

ひとつは、「向こう側」という目線です。

人になにかを伝えるとき、私たちは表現の仕方に工夫します。

言葉をもっと正確にしよう、こういう事例をつかおう、順序を変えてみよう……などと、自分なりに文章や話などをととのえていく。

それがうまくいくと、たしかにわかりやすくなって、受け手が理解してくれたり、納得してくれたりします。

でも、興味深いことに、理解したり、納得したりしたはずのその文章や話のひとつひとつを、明確に覚えている受け手はほとんどいません。「あの話に、どう納得したのですか?」と訊ねると、それなりにきちんと説明ができたりはする。でも、文章や話自体をしっかりとは覚えていない。

ここには、「伝えるために表現するもの」と「受け手が受けとめるもの」とのあいだの微妙な関係性があらわれていると、ぼくは考えています。

文章や話の「向こう側」にいる受け手のなかに残るのは、文章や話自体(言葉にしてあらわした情報）ではなく、そこから得られた印象（なにかを体験したあと、こころに残っている感じや記憶に残っていること）なのです。

たとえば、吉田戦車さんの漫画『伝染るんです。』に、つぎのような話があります。

旅客機が無事に離陸を果たし、雲の上を飛んでいるところからストーリーがはじまります。そこにコックピットから乗客に向けて、機内アナウンスが2つ、つづけて流れる。

「ただいま気流のなかを通過中のため、少々、揺れております。」
「あ。」

この文面を読んで、「あ。」がなにを伝えているのか、わからない人はいないでしょう。なんらかの「異変が起こった」のです。

しかし、コックピットから発せられたアナウンス（アナウンスの文面）では、「異変が起こった」とはひとことも告げていません。

それどころか、異変を伝えているであろう2つめの文で用いているのは「あ」という1文字（と句点）だけです。にもかかわらず、「異変が起こった」ことは、きちんと届きます。

先ほどもお話ししたように、言葉にしてあらわした情報がそのまま相手のなかに残るわけではない、ということです。

主として受け手のなかに残るのは、文章や話などをきっかけに自分のなかで考えたり、思い浮かべたりしたこと。すなわち、印象なのです。

大切なのは「印象」の最適化

だからこそ、文章を書いたり、話をしたりするときには、「向こう側」、つまりは受け手にどんな印象が残るのかを、つねに意識する必要があります。

大切なのは、文章や話に情報を盛りこむことではなく（それも重要ですが）、それらを通じて、受け手になにを思い浮かべてもらうか、です。

もっといえば、受け手に思い浮かべてもらいたいことがあるのなら、なにを書いたり、話したりすればそうなるのか。そのために必要なことを投げかける、というスタンスです。

たとえば、イベントに招いたゲストのすごさをわかってもらいたいのだとして、案内文に「すごいゲストが来る」と書いても、それを読んだ受け手に「すごい」と思ってもらうのは難しいでしょう。そう書くと、ほとんどの場合、受け手のなかに残るのは「主催者自身が、その人のことをすごいと思っているんだな」という印象です。

そこから一歩先に進んで、受け手に「すごいゲストが来るんだ」と本当に感じてもらうには、「彼は米国の有名紙が選んだ〝世界を変える１００人〟のひとりだ」「10年で5社を株式上場させた人」といったように、読んだときに「へぇ、すごい人なんだな」と思わず頭のなかでつぶやいてしまうようなエピソードや情報を投げかける必要があります（当然のことながら、なにを「すごい」と思うかは、受け手によって異なりますが）。

そのためにもっておきたいのが、その文章や話を起点にして、受け手がどんなことを思い浮かべるか、受け手にどんな印象が残るのかという「向こう側」への目線です。

もっと伝えるために②

「高さ」という目線

コミュニケーションには「高さ」がある

伝えるコミュニケーションにおいて、じつはすごく大切なのに、意外と注目されていない目線のひとつ——それは「高さ」です。

コミュニケーションの「高さ」。簡単にいえば、伝え手と受け手とのあいだの「意識のうえでの上下関係」のようなものですが、この目線は文章や話を「伝わる」ものにするうえで、とても重要な役割をになっています。

たとえば、的確で正しいアドバイスをメールで書いて送ったのに、まったく相手に響かないことがあります。それどころか、怒らせてしまうこともある。

じつはこういうケースにも、コミュニケーションの「高さ」がかかわっていることが少なくありません。

それを象徴しているのが、ときに怒った相手から吐きだされるつぎのような言葉です。

「見下したような感じが気にくわない」

つまりは、伝え手が受け手よりも高い位置から言葉を発しているということ。受け手はそれを感じとるから「気にくわない」……。

というのも、コミュニケーションの「高さ」は、単なる背景ではなく、言葉づかいなどの表現にも影響を与えます。そのせいで、「高さの設定」をまちがえると、主張の是非以前に、受け手に受け入れてもらえなくなってしまうのです。

だから文章を書いたり、話をしたりするときには、あらかじめ伝え手である自分と受け手との「高さの関係性」を意識しておくことが大切です。

では、その「高さ」には、どんな種類があるのか。

典型的なものは、大きく分けてつぎの3つです。

・伝え手が上で、受け手が下　〈上意下達型〉
・伝え手が下で、受け手が上　〈下意上達型〉
・伝え手と受け手が同じ高さ　〈対等型〉

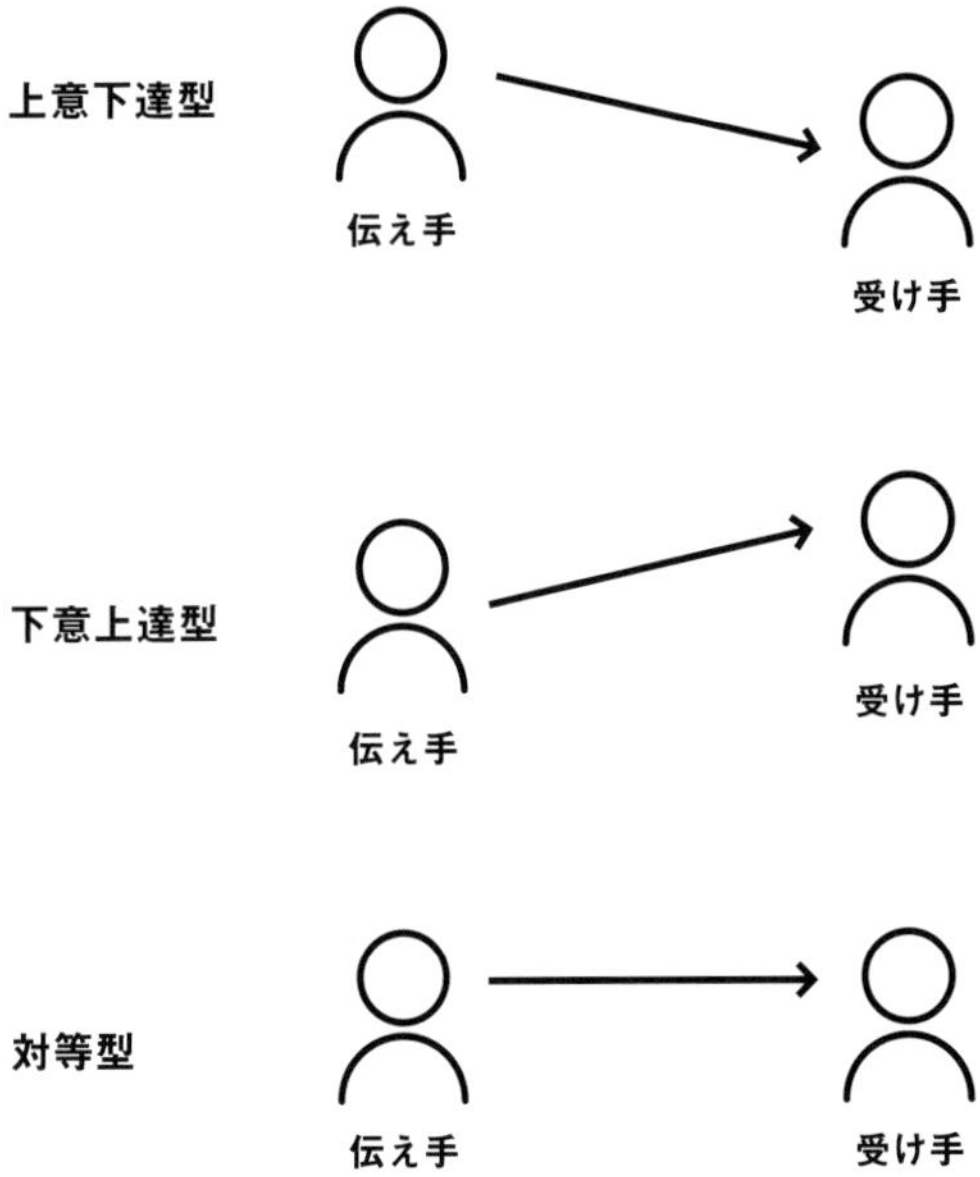

コミュニケーションの「高さ」の3種類

「意識のうえでの上下関係」といっても、ほとんどの場合は、社会的な関係性を反映することになります。ですから、もしそれがお互いにとって自然なものであれば、文章やお話でも同じ関係性に乗るようにするとスムーズに届きやすくなります。

ただ、「隠れ上下関係」には注意しなくてはいけません。

コミュニケーション関連の本などに、たまに「相手を理解してあげて、対等に話をすることが大事」というようなことが書かれていますが、じつはこの姿勢はそもそも対等ではありません。

「理解してあげる」という姿勢は、結局、無意識のレベルで「自分（伝え手自身）」を相手（受け手）より上位に置いています。

対等のつもりでも、受け手には見下しているように受けとめられてしまう可能性があるのです。

先ほどの「見下したような感じが気にくわない」がもっとも起こりやすいのは、じつはこのケースだったりします。

相手が不特定多数ならどうする？

さらにひとつ、大きな問題があります。

受け手がひとりの場合なら、先ほどの3つの関係性のどれかを意識すれば、それで事足ります。

しかし、イベントの案内文などのように、受け手が不特定多数、つまりはいろんな立場の人たちである場合はどうすればいいのか。

「上意下達型」にすれば、本来「上位」におくべき人に受け入れてもらいづらいし、「下意上達型」にすれば、「下位」の人に気持ちのわるいものになる。「対等型」にすれば「上下」の人に受け入れられない……。

まさに「こちらを立てれば、あちらが立たず」です。

こういうときは、「人」ではなく、「話題を置く高さ」を変えます。

話題自体を意識のうえで高い位置に置いて、伝え手である自分と、受け手とで、それをいっしょに見上げているようなコミュニケーションの仕方をするのです。

いわば、仲間とともに空に浮かんだ月を見上げながら話すような構図。

これをぼくは「共望型コミュニケーション」と呼んでいます。

たとえば、経営者である相手にアートを学ぶことをすすめる、としましょう。先ほどの3つの型にのっとれば、それぞれつぎのような表現になるでしょうか。

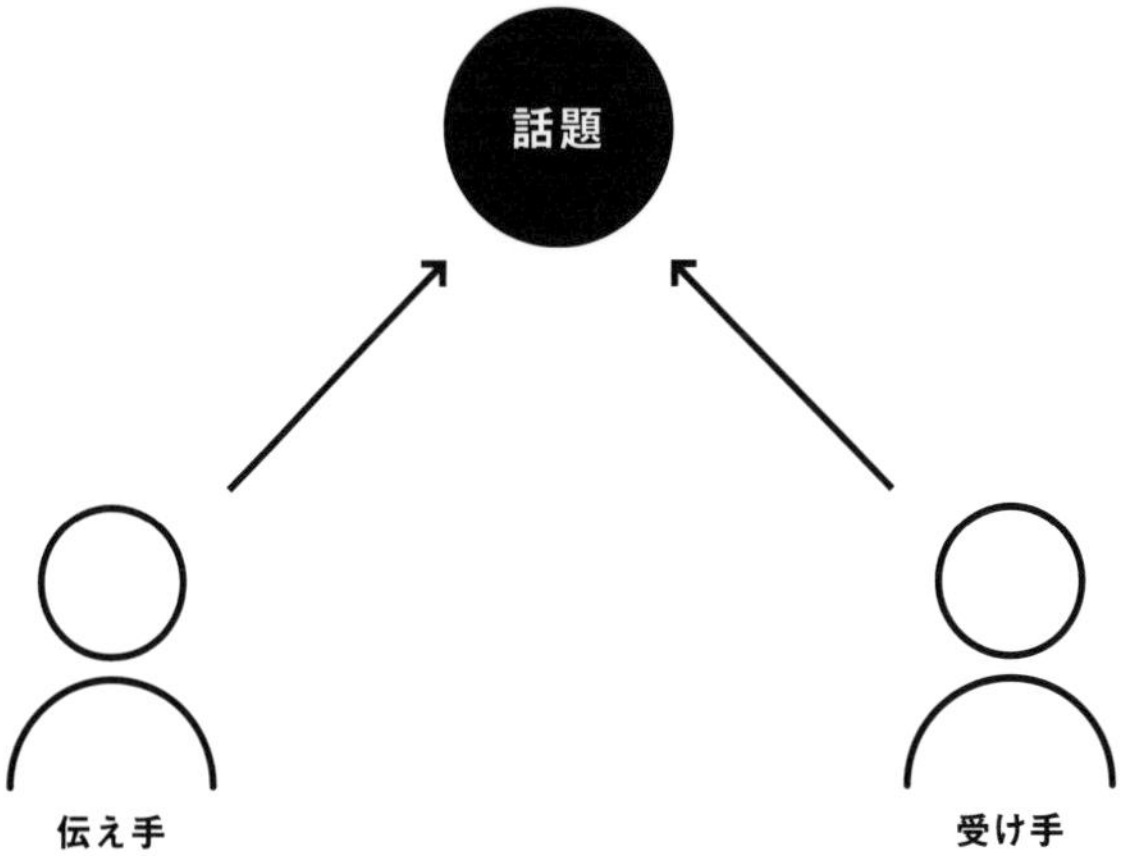

「共望型」コミュニケーション

〈上意下達型〉

「経営者ならアートを学びなさい」

〈下意上達型〉

「経営者ならアートを学ばれてはいかがでしょう」

〈対等型〉

「経営者ならアートを学んだほうがいい」


ただ、先ほどもお話ししたように、このうちのひとつを選ぶと、ほかの高さの相手には受け入れにくいものになってしまいます。

だから、伝える相手が不特定多数のときは、話題自体を高い位置に置くようにする。

いまの例でいえば、こういう投げかけをします。

〈共望型〉

「経営者にはいま、アートの感覚が必要だといわれています」

相手に向かって直接語りかけるのではなく、伝え手である自分と、受け手とのあいだの高いところに話題を置いて、いっしょにそれを見上げているイメージ。

こうすれば、上位者に無礼と思われたり、下位者に卑屈と思われたり、対等な相手に妙な違和感をもたられることもなく、話を受け入れてもらいやすくなります。

「対峙」するのか、「仲間」になるのか

じつは、「高さ」を意識した、この「共望型コミュニケーション」には、さまざまな立場の人たちに伝えやすいというメリットのほかに、もうひとつ重要な役割があります。

話題を「いっしょに見上げている」という心理的な姿勢のおかげで、受け手から「(コミュニケーションのなかで)いっしょに考えていく」という姿勢を引き出しやすいのです。

先ほどの3つの型を意識すれば、たしかに上下関係によるトラブルは起こりにくくなります。とはいえ、「高さ」が適切だったとしても、とくになにかを提案したり、教えたりする場合には、直接ぶつけるような投げかけになるだけに、ともすると押しつけがましさを受け手に感じさせてしまうこと

があります。

でも、「共望型コミュニケーション」をとれば、ともに同じ課題に向きあっているという意識になりやすい。結果、いわば同志の関係性をつくることもできます。

伝え手として、受け手と「対峙」するのか、「仲間」になるのか。

どうせなら後者でありたいわけですが、そういう関係性をつくる大切な手がかりのひとつが、コミュニケーションの「高さ」という目線にあるのです。

おわりに

「昔から本を読むのが好きだったのでしょう？」
「子どものころから文章を書くのが得意だったのでしょうね」

編集家として、たくさんの本をつくったり、企業の発信物を監督したり、自分で本を書いたりもしているせいか、いろんな人たちからよく、こんなふうに訊ねられます。

でも、ぼくは本を読むのも、文章を書くのも、得意でないどころか、すごく苦手でした。

とくに文字を読むことにかけては、とにかく時間がかかりました。

中学生のころには、友だちといっしょに歴史小説に挑戦したものの、相手が二十数巻を読破したのにぼくはまだ2冊めに入ったばかり、なんてことはざらでしたし、黒板に書かれた文字を授業時間内にノートに書きうつすことができなかったり、街でちょっとした説明書きを読むのに苦労したりもしていました。あとから思えば、なんらかの障がいのようなものを抱えていたのかもしれません。

そんな自分をどうにかしたくて、ある時期に無理をしていろんな本を読み、たくさんの名文を書きうつした甲斐があったのか、いまではかなり状態は改善されて、それなりのはやさで読んだり、書いたりできるようにはなりました。が、いわゆるプロのレベルにはほど遠く、本書の原稿にしても、書き上げるまでにずいぶんな時間がかかっています。

そんな人が「伝える仕事」にたずさわることができるのか、と思われるかもしれません。

でも、少なくともぼくの場合は、逆に苦手だったからこそ、やってこれたようなところがあると感じています。なぜなら、読んだり、書いたりといったことを、苦手な人の立場で考えることができるからです。

あのころのぼくでも読めるように、わかるように——その目線で原稿を読み、その目線で改善をはかる。その目線で「伝え方」を模索する。

本書でお話ししたことのほとんどは、そうやって「伝える」に向きあうなかで気づき、考えてきたことです。

そのぶん、「そもそもの部分」の話が多くなってしまったかもしれません。

でも、「そもそもの部分」に目を向けると、本来の姿や秘められた可能性に気づきやすくなります。

「伝える」は、単なる伝達の手段ではありません。人と人を結びつけ、人を助け、そこにゆたかさを生みだす起点となるものです。

本書が、そのことを再確認する手がかりとなることを願ってやみません。

*

最後になりましたが、本書の執筆にあたっては、たくさんの方々にお力添えをいただきました。

本篇でもふれたように、本書には、ぼくが主宰していた講座「編集的文章術」の内容が生かされています。講座をはじめるきっかけをつくってくださったコパイロットの定金基さんと、地域の新しい伝えかた学校の片岡小百合さんには、その意味で、まさに本書のタネを育てていただきました。

加えて、発見は問いかけのなかから生まれてきます。講座の受講者のみなさんからの質問や、仕事の関係者のみなさんからの相談、講演やイベントの出演者や主催者のみなさんとの対話もまた、「伝え方」を考えるうえでの重要な手がかりとなりました。

さらには北九州で活躍されているシードの八木田一世さん、20年来の友人のコンティニュエの嶋崎周治さんには、雑談のなかの問いかけを通じて、貴重な刺激やヒントをたくさんもらいました。

制作にかかわるところでは、久しぶりにごいっしょさせていただいた居山浩二さんのまさに的を射ぬくようなデザインと、クロスメディア・パブリッシングの小早川幸一郎社長から提案いただいた「伝え方」という大胆なタイトルには、ちっぽけなぼくの殻を打ち破ってもらい、一橋ビジネススクール特任教授の楠木建さんには、光栄としかいいようのない推薦文を頂戴しました。

また、クロスメディア・パブリッシングの大沢卓士さんには、担当の編集者として、あたたかくも冷静な助言をいただくとともに、すぐに自信をなくしてしまうぼくが最後まで走れりきれるよう、上手にサポートしていただきました。大沢さんの「松永さんが考えていることに、すごく興味がありますす」という言葉に、何度救われたかしれません。

そして妻の真由子と娘の、のい。ふたりには、ずっと変わることなく、とにかくおだやかに見守ってもらいました。

どのひとりがいなくても、この本はかたちにならなかったはずです。

この場を借りて、みなさんにあらためて感謝申し上げます。

2023年5月　編集家　松永光弘

〈参考文献〉
『エデンの東』ジョン・スタインベック 著
『ゲーテとの対話』エッカーマン著、山下肇 訳
『「アタマのやわらかさ」の原理。クリエイティブな人たちは実は編集している』松永光弘 著
『しかけ人たちの企画術』東京企画構想学舎 編、小山薫堂ほか著
『プロフェッショナルアイディア。』小沢正光 著
『ささるアイディア。なぜ彼らは「新しい答え」を思いつけるのか』松永光弘 編著
『入門 考える技術・書く技術』山﨑康司 著
『伝染るんです。1』吉田戦車 著

〈初出〉
『伝わる文章は、コミュニケーションの「高さ」に気をつけている。』
（note／2020年6月8日）

［著者略歴］
松永光弘（まつなが・みつひろ）
編集家
1971年、大阪生まれ。「編集を世の中に生かす」をテーマに、出版だけでなく、企業のブランディングや発信、サービス開発、教育事業、地域創生など、さまざまなシーンで「ひと・もの・ことの編集」に取り組んでいる。これまで20年あまりにわたって、コミュニケーションやクリエイティブに関する書籍を企画・編集。クリエイティブディレクターの水野学氏や杉山恒太郎氏、伊藤直樹氏、放送作家の小山薫堂氏、コピーライターの眞木準氏、谷山雅計氏など、日本を代表するクリエイターたちの思想やものの考え方を世に伝えてきた。ロボットベンチャーをはじめとした企業のアドバイザーもつとめており、顧問編集者の先駆的存在としても知られる。また、社会人向けスクールの運営にたずさわるほか、自身でも大企業や自治体、大学などで編集やコミュニケーションに関する講演を多数実施し、好評を博している。自著に『「アタマのやわらかさ」の原理。クリエイティブな人たちは実は編集している』（インプレス刊）、編著に『ささるアイディア。なぜ彼らは「新しい答え」を思いつけるのか』（誠文堂新光社刊）がある。

Facebook: @mitsuzosan
Twitter: @mitsuzosan

伝《つた》え方《かた》

2023年6月11日　初版発行

著　者　松永光弘

発行者　小早川幸一郎

発　行　株式会社クロスメディア・パブリッシング
〒151-0051 東京都渋谷区千駄ヶ谷4-20-3 東栄神宮外苑ビル
https://www.cm-publishing.co.jp
◎本の内容に関するお問い合わせ先：TEL（03）5413-3140／FAX（03）5413-3141

発　売　株式会社インプレス
〒101-0051 東京都千代田区神田神保町一丁目105番地
◎乱丁本・落丁本などのお問い合わせ先：FAX（03）6837-5023
service@impress.co.jp
※古書店で購入されたものについてはお取り替えできません

印刷・製本　株式会社シナノ

 ISBN978-4-295-40836-9　C2034